Guidelines for
School & Educational
Psychology

大野木裕明
Hiroaki Ohnogi

二宮克美
Katsumi Ninomiya

宮沢秀次
Shuji Miyazawa

譲 西賢
Saiken Yuzuri

浦上昌則
Masanori Urakami

山本ちか
Chika Yamamoto

杉山佳菜子
Kanako Sugiyama

著

ガイドライン学校教育心理学

● 教師としての資質を育む

ナカニシヤ出版

まえがき

　本書は，教職志望者のための教育系心理学のテキスト・参考書です。『ガイドライン発達学習・教育相談・生徒指導』（2007年）の大幅な改訂版で，大学等のテキストまたは自学自習の参考書です。
　今回の改訂には特徴が4つあります。

(1) 学校教育の心理として

　教育心理学や発達心理学の多くの類書では，その内容は研究分野ごとの構成になっています。また，教育心理や発達心理，教育相談，生徒指導は独立した1冊の本になっている傾向があります。これは学校教員免許状の科目区分のためでしたが，読者にしてみると何とも相互が閉じた固定的な内容になりがちでした。学校現場の出来事・諸課題とどのように結びついているかもわかりにくく，総合的な視野が得にくい傾向がありました。

　前書では，「発達学習」「教育相談」「生徒指導」の区分は残しつつも相互性を意識して1冊の構成として出発したのですが，本書ではさらに一歩進んで「特別支援の心理」を加えるとともに，相互に不可分な領域を強く打ち出し，副題を広く「教師としての資質を育む」としました。たとえばですが授業場面でどの教授法を使うかは児童生徒の発達の影響を強く受けますし，教育相談や進路指導はそれ自体が独立した教育的営みではなく，教師生徒関係や発達・学習の日常と密接に結びついているからです。とくに，従来の「発達と学習（発達心理学や教育心理学）」の部分，すなわち「教育の基礎的理解に関する科目」のうちの「幼児，児童及び生徒の心身の発達及び学習の過程」と「特別の支援を必要とする幼児，児童及び生徒に対する理解」が，2019年度入学生からは別科目となったことを受けて，本書では「第9章　特別支援の理解・心理」という章を設定しました。

(2) 教職の基本を強調

　教員免許状の取得を目指す人たちの視野に沿うように努めました。具体的には，初めて教育実習で授業をする学生や，スクールカウンセラーと接していく教師の立場を重視しています。心理学の中で産業・組織心理学，神経・生理心理学，調査・実験の専門的な統計処理等，教育現場に直接的な関わりの少ない領域は含めていません。逆に教育測定・評価に関する必要最小限の教育学的な領域（たとえば，指導要録や学習指導要領）を必要に応じて加えています。

(3) 最新のDSMとその周辺

　発達障碍（障害，障がい）に関する教師や保護者の意識が高まっています。そのような折り，アメリカ精神医学会（APA）よりDSM-5が刊行されました。そこで，本書では教師としての知識と関わり方について多くの紙幅を取っています。また，文部科学省等の最近の方針についても解説を加えています。ただし，この領域についての進歩や変化は急です。一例を挙げると，法令でうたわれている「障害」について，「障碍」「障がい」のような用語表記が混在しています。本書もまた，引用，使用上の社会的合意，執筆者の思いや願いに準じて3通りの使い方になっていますが，指している内容そのものはほぼ同じ意味で使っています。このほか，「教員」「教師」「教諭」についての使い方も，本書では前後

関係や執筆者の考えによって併存した表記になっています。

(4)「基礎」と「発展・関連」の2水準に内容を厳選
　幼稚園から高等学校等の教諭や栄養教諭を目指す学生のみなさん，あるいは保護者の方々が短時間で概括できるように，第1章から第9章を水準1「基礎」として位置づけました。いわゆる教職関係の科目の履修経験の少ない読者にとっては，かなり見通しがよいと思います。
　もっと幅を広げたい方，時間的に余裕のある方のために，「発展学習：Q&A」「教職の心理学に貢献した人々」を水準2「発展・関連」として位置づけました。とはいえ，この便宜的な区別は改善の余地を残しています。教職テキストでありながら，一般心理学の知識が「基礎」として混在してしまったり，必ずしも教職との結びつきが明示されず知識解説に留まる箇所があるからです。読者諸氏の使用目的に応じて取捨選択して使ってください。現代心理学ではほとんど顧みられないテーマ（たとえばパーソナリティの類型論）や教師自身が使う機会のないもの（たとえば，心理検査の大部分）も含まれていますが，これは教員採用試験への配慮からです。もちろん逆に，最近の動きも解説に加えてあります。ただし，これですべてを網羅しているわけではありませんので，本書に留まらず類書にも目を通すこともお勧めします。

　最後になりますが，本書の刊行にあたっては，非常に多くの類書や研究者の方々の成果を学ばせていただきました。本書はテキスト・参考書であり，先賢諸氏から学ばなくしてはとうてい世に出ることはありませんでした。ナカニシヤ出版の宍倉由高様，山本あかね様にはタイミングのよいアドバイスをいくつも頂戴いたしました。皆様に記してお礼申し上げます。

2016年2月
執筆者一同

　このたび2019（平成31）年度大学・短大入学生の教職課程履修希望者から，教育職員免許状の必須科目が改正されましたので一部を書き改めました。

2018年5月
執筆者一同

　版を重ねるにあたり，記述を一部加筆修正し，図表などを最新のものにしました。

2020年3月
執筆者一同

目　　次

まえがき　i

■序　章　教職の教育心理学と近接領域 …………………………………………… 1
 1　教育心理学の研究領域　2
 2　生徒指導，教育相談，発達心理学，教育心理学の関係　3
 3　発達の諸相　5
 4　遺伝と環境の影響に関する諸説　8
 5　本書の構成　9

●発展学習：Q&A
1　教育心理学で使用するデータの収集法には，どんなものがありますか　10
2　教育心理学で使用するデータの分析法には，どんなものがありますか　11

■第 1 章　小学生から高校生の発達 …………………………………………… 13
 1　心理発達の特徴：小学生期の概観　14
 2　心理発達の特徴：中学生期の概観　16
 3　心理発達の特徴：高校生期の概観　18
 4　発達の基礎理論 1：ピアジェの認知発達理論　20
 5　発達の基礎理論 2：フロイトの性的発達理論　21
 6　発達の基礎理論 3：エリクソンの心理社会的発達理論　22
 7　発達の基礎理論 4：コールバーグの道徳性の発達段階説　23

●発展学習：Q&A
3　親子関係の心理的な結びつきは何ですか。また，それはどのように測定しますか　24
4　初期の親子関係にとって重要な意味をもつ研究にはどのようなものがありますか　26
5　親の養育態度と子どもの発達にはどのような関係がありますか　27

■第 2 章　学習と動機づけ …………………………………………………………… 29
 1　心理学からみた学習　30
 2　教室や家庭での外発的動機づけと内発的動機づけ　31
 3　学習される動機づけ　32
 4　記憶のメカニズムと忘却　33
 5　学びの方略 1：学習方略　34
 6　学びの方略 2：自己調整学習　35

●発展学習：Q&A
6　知能とは何なのかについて諸説を述べてください　36
7　知能指数，知能偏差値，学力偏差値の表示について説明してください　37
8　最近の発達障碍研究についてワーキングメモリの観点から説明してください　38
9　マズローによる欲求の階層説とは何ですか　39

■第3章　学習指導法 ……………………………………………………………… 41
1　教室でみられる授業形態のいろいろ　42
2　発見学習，仮説実験授業　43
3　有意味受容学習　44
4　適性処遇交互作用（ATI）　45
5　プログラム学習　46
6　プロジェクト法，アクティブ・ラーニング　47

■第4章　教育評価 ………………………………………………………………… 49
1　教育評価　50
2　評価時期からみた評価，評価基準からみた評価　51
3　客観式テスト　52
4　論文体テスト　53
5　ポートフォリオ評価　54

●発展学習：Q&A
10　学習指導要領と指導要録はどう違いますか　55
11　模試の結果の偏差値は同じでも合否判定が違うのはなぜでしょう　56
12　PISA調査（OECD：経済協力開発機構），TIMSS調査（国際教育到達度評価学会）で調べる学力はどのような内容か説明してください　57

■第5章　学級経営と学級集団 …………………………………………………… 59
1　集団の種類　60
2　集団の特徴を把握する心理検査　61
3　集団の力学　62
4　教師－生徒関係　63
5　児童生徒の態度の評価　64
6　教師の評価のゆがみ　65

●発展学習：Q&A
13　人格の類型論について説明してください　66
14　Y-G性格検査，MMPI，MPI，エゴグラムとはどんなテストでしょうか　67
15　投影法による人格検査とはどのようなものですか　68
16　内田クレペリン精神検査とはどのような検査でしょうか　69

■第6章　教育相談 ……………………………………………………… 71

1. 教育相談の一般的手続き　72
2. ケース会議（事例検討）の進め方　75
3. カウンセリングの技法　76
4. 校内外の連携とコンサルテーション　77
5. 教師のカウンセリングマインド　78

■第7章　生徒指導と進路指導 …………………………………………… 81

1. 生徒指導の目的と原理　82
2. 問題行動　83
3. 不登校　84
4. いじめ　85
5. 進路指導の意義　86
6. 進路発達理論：スーパーの発達理論　87
7. 進路発達理論：スーパーのライフ・キャリアの虹　88
8. 進路適性と指導　89

●発展学習：Q&A
17　キャリア理論の変遷について説明してください　90

■第8章　適応の改善と病理 ……………………………………………… 91

1. 青年期の心理的特徴の理解　92
2. 児童生徒の不適応状態　93
3. 児童生徒の適応機制　94
4. 心理療法における教師の役割　95
5. 教師も使える予防的な心理療法1：エンカウンターグループ　96
6. 教師も使える予防的な心理療法2：ロールプレイ　97
7. セラピスト（カウンセラー）の行う心理療法1　98
8. セラピスト（カウンセラー）の行う心理療法2　99

■第9章　特別支援の理解・心理 ………………………………………… 101

1. 特別支援教育　102
2. 教師として，発達障碍にどのように向き合うか　103
3. 発達障碍の理解と指導　104
4. LDの理解と支援　105
5. AD/HD（注意欠如・多動性障害）と限局性学習障害　106
6. AD/HDの理解と支援　109
7. 自閉症スペクトラム障害（ASD）の理解と支援　110
8. 視覚障碍・聴覚障碍　111
9. 場面緘黙，摂食障碍，パニック症，PTSD　113

10　コミュニケーション障害　　114

●発展学習：Q&A
　18　DSM と ICD について説明してください　　115
　19　自閉症スペクトラム障害について説明してください　　116
　20　ICF（国際生活機能分類）とは何ですか　　118
　21　神経発達障害についての最近の考え方を説明してください　　119

■補章　教職の心理学に貢献した人々　……………………………………… 121

引用文献　　129
索　　引　　135

序　章

教職の教育心理学と近接領域

> **学習の主な目標**
> ・教育心理学の歴史や研究領域を学ぶ。
> ・教育心理学，発達心理学，教育相談，生徒指導，進路指導・キャリア教育，特別支援教育の相互関係を理解する。
> ・発達に対する心理学的な接近法を知る。
> ・発達に関与する遺伝と環境の影響について代表的な考え方を知る。

1 教育心理学の研究領域

1. 教育心理学とは

教育とは，「人間をより望ましい目的に向って育成し援助していく働き」(田浦，1995) です。**教育心理学**は，その「教育という事象を理論的・実証的に明らかにし，教育に資するための学問」(市川，2003) といえます。

2. 教育心理学の歴史

ドイツの哲学者**ヘルバルト**は，『一般教育学』(1806) という著書の中で，「教育の目標を倫理学に，方法を心理学に求める」という立場を取りました。そして，教育の段階を具体的に示しました。①学習への生徒の心の準備，②学習する内容の提示，③既習の内容と新しい学習内容の関係づけ，④一般化，⑤学習した内容の他の領域への適用，といった段階です。

また，同じくドイツの**モイマン**は教育学の研究に実験心理学の手法を取り入れました。実験教育学の研究課題として，次の7領域を挙げています。①児童の心身の発達，②児童の知覚・記憶その他の精神的能力，③個性，④個人差と知能検査，⑤学校作業における児童の行動，⑥各教科での心的作業の分析，⑦教授法と教師の行動，の7つです。

アメリカでは，1883年頃に**ホール**が**児童研究運動**を展開し，小学校入学時の児童の精神内容を調査し発表しました。その後，**ソーンダイク**らを中心に**教育測定運動**が展開され，1913年から1914年にかけて体系的な『教育心理学』(全3巻) が刊行されました。第1巻では人間の生得的な特質が述べられ，教師のための教養として児童の心理が解説されています。第2巻では読みのスキル，計算や問題解決など，学習心理学が述べられ，第3巻では作業・疲労および個人差などの問題が扱われています。

ブルーナーは1960年にカリキュラム改革運動を主導し，『教育の過程』という著書の中で，「教材や教え方の工夫をすれば，どのような教科でも，どのような段階の子どもに対しても教えることができる」と主張しました。また，**スキナー**はオペラント条件づけを応用した**プログラム学習**の理論を提案しました。さらに**クロンバック**は，学習者の適性に合った教授法を工夫する必要があると述べ，**ATI**(適性処遇交互作用；Aptitude Treatment Interaction) の考え方を提出しました。

3. 教育心理学の研究領域

日本では1959年に日本教育心理学会が設立されました。学会の機関誌である『教育心理学研究』を年4号，『教育心理学年報』を年1号発行しています。その『教育心理学年報』が研究部門として，発達，人格，社会，教授・学習・認知，測定・評価・研究法，臨床，特別支援教育，学校心理学の8つを挙げています (表0-1)。表を詳しくみると，多くの研究テーマがあることがわかります。　　　(二宮)

表序-1　教育心理学の研究領域

1. **発達**：乳幼児の心理，児童心理，青年心理，成人・高齢者の心理，生涯発達など
2. **人格**：パーソナリティ理論，パーソナリティ測定，自己・自我，アイデンティティ，社会性・道徳性，動機づけ，適応など
3. **社会**：学校教育，学級集団，家族関係，対人関係，教師-生徒関係など
4. **教授・学習・認知**：学習理論，授業理論，教科学習，教育工学，知識・概念の獲得など
5. **測定・評価研究法**：教育評価，テスト理論，教育統計，尺度構成，データ解析法など
6. **臨床**：教育相談，学校臨床，不登校，非行・問題行動，矯正など
7. **特別支援教育**：発達障害，特別支援 (特殊教育)，リハビリテーションなど
8. **学校心理学**：学習援助，スクールカウンセリング，心理教育的援助サービス，学校教育相談など

2　生徒指導，教育相談，発達心理学，教育心理学の関係

1. 生徒指導

　文部科学省（平成22年）の『**生徒指導提要**』には，「**生徒指導**とは，一人一人の児童生徒の**人格**を尊重し，個性の伸長を図りながら，社会的資質や行動力を高めることを目指して行われる教育活動のこと」と述べられています。さらに「生徒指導は，すべての児童生徒のそれぞれの人格のよりよき発達を目指す」と書かれています。

　また，「生徒指導が，教育課程の内外において一人一人の児童生徒の健全な成長を促し，児童生徒自ら現在及び将来における**自己実現**を図っていくための**自己指導能力**の育成を目指すという生徒指導の積極的な意義」を強調しています。そのために，「日々の教育活動においては，①児童生徒に**自己存在感**を与えること，②共感的な人間関係を育成すること，③**自己決定**の場を与え自己の可能性の開発を援助すること」の3点に特に留意することが求められています。

2. 教育相談（educational counseling）

　中学校学習指導要領解説（特別活動編）によれば，「**教育相談**は，一人一人の生徒の教育上の問題について，本人又はその親などに，その望ましい在り方を助言すること」としています。その方法としては，「1対1の相談活動に限定することなく，すべての教師が生徒に接するあらゆる機会をとらえ，あらゆる教育活動の実践の中に生かし，教育相談的な配慮をすることが大切である」とされています。そして，「教育相談は，児童生徒それぞれの発達に即して，好ましい人間関係を育て，生活によく適応させ，自己理解を深めさせ，人格の成長への援助を図るものであり，決して特定の教員だけが行う性質のものではなく，相談室だけで行われるものでもありません」と述べています。さらに，「これら教育相談の目的を実現するためには，**発達心理学**や認知心理学，学校心理学などの理論と実践に学ぶことも大切です」と指摘しています。

　教育相談と生徒指導の相違点として，「教育相談は主に個に焦点を当て，面接や演習を通して個の内面の変容を図ろうとするのに対して，生徒指導は主に集団に焦点を当て，行事や特別活動などにおいて，集団としての成果や変容を目指し，結果として個の変容に至るところにあります」と指摘しています。さらに，「児童生徒の問題行動に対する指導や，学校・学級の集団全体の安全を守るために管理や指導を行う部分は生徒指導の領域である一方，指導を受けた児童生徒にそのことを自分の課題として受け止めさせ，問題がどこにあるのか，今後どのように行動すべきかを主体的に考え，行動につなげるようにするには，教育相談における面接の技法や，発達心理学，臨床心理学の知見が，指導の効果を高める上でも重要な役割を果たし得ます」と述べています。

3. 発達心理学（developmental psychology）

　発達心理学とは，誕生（受精も含む場合が多い）から死にいたるまでの一生涯にわたる心理学上の発達的な変化ならびに連続性のプロセスを記述する学問です。また，その発達的な変化のプロセスの背後にあるメカニズムを遺伝や環境に関わる様々な要因に着目しながら解明しようとする学問です。一般的で普遍的な発達的変化の様子を明らかにすると同時に，広範な個人差・個体差についてもそれを引き起こしている要因を明らかにしようとしています。

4. 教員免許状取得に際しての施行規則に定める科目区分等の抜粋

教育心理学は，教育という事象に資する学問であり，主として児童・生徒の学習面での成長や発達をサポートしています。これらの科目の関係について，教員免許状（小・中・高等学校教諭）取得という側面にしぼってみてみましょう。

教員免許状取得について，小学校，中学校，高等学校の間では必修科目が少し異なります。また，特別支援学校，栄養教諭，工業，商業などの間でも異なります。ここでは心理学関係について示すと，表序-2のようになっています。2019年度入学生からの教職課程では，これまでとは大きく異なって，いわゆる教職科目が新しく大くくりに再編されました。それらは，「教育の基礎的理解に関する科目」「道徳，総合的な学習の時間等の指導法及び生徒指導」「教育相談等に関する科目」「教育実践に関する科目」「大学が独自に設定する科目」です。

この他に，1998（平成10）年4月1日より施行された「小学校及び中学校教員免許状授与に係わる教育職員免許状の特例法に関する法律（**介護等体験**特例法）」により，「義務教育に従事する教員が個人の尊厳及び社会連帯の理念に関する認識を深めることの重要性にかんがみ，教員としての資質の向上を図り，義務教育の一層の充実を期する観点から」，小学校及び中学校教諭の普通免許状の申請には，教育実習に加えて社会福祉施設等において5日間，特別支援学校において2日間，計7日間の介護，介助，交流等の体験が必要になります。

このように教員免許状を取得するにあたって，各科目の位置づけがなされています。

2018（平成30）年度に教職課程を設置する大学の再課程認定が行われました。複数の学科等間の授業科目の共通開設の拡大について検討することや教職課程の質保証・向上のためのシステムを整備することが必要であるとされています。

（二宮）

表序-2 教員免許状取得に際しての施行規則に定める科目等の抜粋

■「教育の基礎的理解に関する科目」
教育の理念並びに教育に関する歴史及び思想
教職の意義及び教員役割・職務内容（チーム学校運営への対応を含む。）
教育に関する社会的，制度的又は経営的事項（学校と地域との連携及び学校安全への対応を含む。）
幼児，児童及び生徒の心身の発達及び学習の過程［本書の第1章，第2章，第3章，第4章，第5章］
特別の支援を必要とする幼児，児童及び生徒に対する理解［本書の第9章］
教育課程の意義及び編成の方法（カリキュラム・マネジメントを含む。）
■「道徳，総合的な学習の時間等の指導法及び生徒指導，教育相談等に関する科目」
（免許種による別区分：道徳，総合的な学習の時間等の内容及び生徒指導，教育相談等に関する科目）
道徳の理論及び指導法
総合的な学習の時間の指導法
特別活動の指導法
教育の方法及び技術（情報機器及び教材の活用を含む。）
生徒指導の理論及び方法［本書の第7章，第8章，第9章］
進路指導及びキャリア教育の理論および方法［本書の第7章］
教育相談（カウンセリングに関する基礎的な知識を含む。）の理論及び方法［本書の第6章，第7章，第8章，第9章］

3　発達の諸相

1. 発達の意味

　発達（development）は，「もともと巻物を開いて内容を読むことを意味していると同時に，写真の『現像』という意味をもっている」といわれています（藤永，1992）。画像が光学的に焼き付けられており，薬品の力をかりて画像を現出させるといった「徐々にかくれた本質が開示される」という語義です。

　発達は時間にともなう心身の変化ですが，価値観を含んだ概念です。行動の機能や構造が変化したからといって，その変化がある価値観に合致していなければ発達というにはふさわしくありません。どのような変化が発達とよぶのに適切かは，社会や文化，時代の規範によって異なります。発達は質的な変化をさすことが多く，単なる量的な変化である**成長**（growth）とも異なります。また，類似した用語に**成熟**（maturation）がありますが，それは経験によらない生物学的変化であり，経験による比較的永続的な変化は**学習**（learning）といいます。

2. 発達の原理

　発達の進行には，一定の順序と方向性が認められます。身体の発達において，「頭部から尾部へ」「中心部から周辺部へ」といったことが古くから指摘されています（図序-1）。発達は頭部に近いところ，たとえば上肢の運動の統制が可能になり，しだいに遠い尾部である下肢の統制に進みます。身体の中心部に近い腕の運動から，周辺部の指の運動へと進行します。

　年齢にともない心身の発達的変化を計測して図示したものを**発達曲線**といいます。スキャモンは成人20歳を100％とした時の各年齢における成長のスピードを身体諸器官別に4種類に分け，その発達パターンに違いがあることを示しました（図序-2）。

3. 発達段階

　発達には，ある時期には連続的でなだらかな変化がみられる一方で，相互に異質で非連続的な変化がみられる時期もあります。ある時期の特定の機能の特徴が前後の時期の特徴と異なる場合，その時期を一つの段階として区分したものの系列を**発達段階**といいます。近年，発達にともなう変化を青年期や

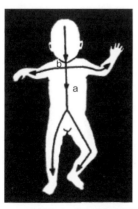

図 序-1　身体発達の進行方向

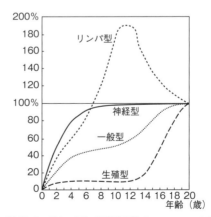

図 序-2　スキャモンの発育曲線 （Scammon, 1930）

成人期で終わりとする考え方から、発達は一生涯続くとする考え方へと変化しました。1970年頃には、児童心理学、青年心理学、老年学などの年齢区分によるバラバラに切り離されたものとしてではなく、人間を発生から死にいたるまでの時間軸の中で統一的に理解しようとする**生涯発達心理学**（life-span developmental psychology）の構想が出されました。生涯発達心理学を提唱したバルテス（1987）は、生涯発達の複雑性と複線性について、①年齢にともなう標準年齢的要因、②歴史にともなう標準歴史的要因、③一定の基準のない非標準的要因という3つが影響していると指摘しました（図序-3）。幼児期は年齢的要因が最大で、青年期では歴史的要因が、高齢期になると非標準的要因の影響が大きくなります。

4. 発達課題

ハヴィガースト（1972）は、個人が健全な発達をとげるために、発達のそれぞれの時期で果たさなければならない課題を設定しました（表序-3）。「生きていくことは学習であり、成長することも学習である」とし、発達課題について次のように述べています。

「発達課題とは、人の生涯のそれぞれの時期に生ずる課題で、それを達成すればその人は幸福になり、次の発達段階の課題の達成も容易になるが、失敗した場合は、その人は不幸になり、社会から承認されず、次の発達段階の課題をなしとげるのも困難となる課題である」。

5. ライフコース

個々人は歴史的・社会文化的環境の中で行う選択や行為を通して自分自身のライフコースを構築するという考え方を、エルダーが提唱しました。**ライフコース**とは、年齢によって区分された一生涯を通じてのいくつかの人生行路（トラジェクトリー）にみられる社会的パターンです。入学・卒業・就職・結婚といった人生上の出来事（ライフイベント）を、どの時代にどの年齢でどの順序で経験するかなどが、その人の人生行路に影響するという考え方です。

（二宮）

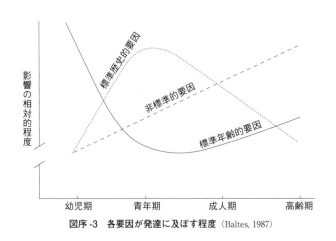

図序-3　各要因が発達に及ぼす程度（Baltes, 1987）

表序-3　生涯を通しての発達課題 (Havighurst, 1972)

時期	年齢	発達課題
乳児期および幼児期	誕生～ほぼ6歳まで	1. 歩くことを学ぶ 2. かたい食べ物を食べることを学ぶ 3. 話すことを学ぶ 4. 排泄をコントロールすることを学ぶ 5. 性の違いと性にむすびついた慎みを学ぶ 6. 概念を形成し，社会的現実と物理的現実を表すことばを学ぶ 7. 読むための準備をする 8. 良いことと悪いことの区別を学んで，良心を発達させ始める
児童期	ほぼ6歳～12歳	1. ふつうのゲームをするのに必要な身体的スキル（技能）を学ぶ 2. 成長している生物としての自分について健全な態度をきずく 3. 同じ年頃の仲間とうまく付き合っていくことを学ぶ 4. 男性あるいは女性としての適切な社会的役割を学ぶ 5. 読み，書き，計算の基本的スキル（技能）を学ぶ 6. 日常生活に必要な概念を発達させる 7. 良心，道徳性，価値基準を発達させる 8. 個人的な独立性を形成する 9. 社会集団と社会制度に対する態度を発達させる
青年期	12歳～18歳	1. 同性と異性の同じ年頃の仲間とのあいだに，新しいそしてこれまでよりも成熟した関係をつくりだす 2. 男性あるいは女性としての社会的役割を獲得する 3. 自分の身体つきを受け入れて，身体を効果的に使う 4. 両親やほかの大人からの情緒的独立を達成する 5. 結婚と家庭生活のために準備をする 6. 経済的なキャリア（経歴）に備えて用意する 7. 行動の基準となる価値と倫理の体系を修得する－イデオロギーを発達させる 8. 社会的責任をともなう行動を望んでなしとげる
成人前期	18歳～30歳	1. 配偶者を選ぶ 2. 結婚した相手と一緒に生活していくことを学ぶ 3. 家族を形成する 4. 子どもを育てる 5. 家庭を管理する 6. 職業生活をスタートさせる 7. 市民としての責任を引き受ける 8. 気の合う社交グループを見つけだす
中年期	ほぼ30歳～だいたい60歳くらいまで	1. ティーンエイジに達した子どもが責任を果せて，幸せな大人になることを助ける 2. 成人としての社会的責任と市民としての責任を果たす 3. 自分の職業生活において満足できる業績を上げて，それを維持していく 4. 成人にふさわしい余暇時間の活動を発展させる 5. 自分をひとりの人間として配偶者と関係づける 6. 中年期に生じてくる生理的変化に適応して，それを受け入れる 7. 老いていく両親に適応する
成熟期	60歳～	1. 体力や健康の衰えに適応していく 2. 退職と収入の減少に適応する 3. 配偶者の死に適応する 4. 自分と同年齢の人びとの集団にはっきりと仲間入りする 5. 社会的役割を柔軟に受け入れ，それに適応する 6. 物理的に満足できる生活環境をつくりあげる

4 遺伝と環境の影響に関する諸説

1. 発達の規定因

発達を規定する要因については,古くから論争が繰りひろげられてきました。

(1) 成熟優位説:ゲゼルは,「人間の発達過程は生得的にもっている遺伝的素養や内的秩序が一定の順序で時間の経過にともなって展開するものであり,学習とか適応といった外的な働きはほとんど影響しない」という生得説(あるいは発達予定説)を提起しました。ゲゼルとトンプソンは,双生児を用いた階段のぼりの訓練といった有名な実験によって,十分に成熟してからの訓練の方が,若い時からの訓練よりも能率的であるという結果を得ました。早すぎる訓練は有効ではなく,適切な成熟を待たなければ,訓練の効果は期待されないということを示唆しました。訓練や学習に対する心身の準備状態を**レディネス**とよびます。

(2) 学習説:ワトソンを代表とする行動主義的立場の人たちは,「発達的な行動の変化は個体が学習によって獲得した刺激と反応の連合の数の違いである」と考えます。つまり,すべての行動型は,原則的には条件づけなどの学習によって形成され,発達的な行動の差異はこの学習された行動型の量的な差異というわけです。

2.「遺伝×環境」論争

発達を規定しているのは,「遺伝か環境か」あるいは「遺伝も環境も」といった論争は,最近では**行動遺伝学**の手法である双生児法や養子法によって明らかにされています。心理的な形質に及ぼす遺伝の影響を量的に推定すると,ほとんどの個人差は,多かれ少なかれ必ず遺伝要因が関与しています。多くの心理学的尺度のうえで,遺伝子をすべて共有する一卵性双生児の類似性は,育った環境が同じか異なるかにかかわらず,遺伝子を約半分しか共有しない二卵性双生児やきょうだいの類似性を上回っています(図序-4)。

(二宮)

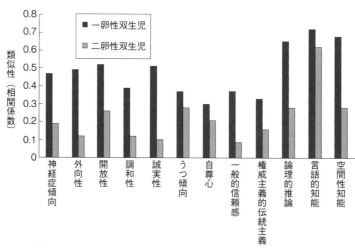

図序-4 双生児のパーソナリティや知能の類似性(安藤,2009に基づいて作成)

5 本書の構成

　第1章「小学生から高校生の発達」は，発達の原理や発達のみちすじの説明理論に関する概説です。子どもたちは，その年齢特有の行動や考え方をする一方で，おとなと変わらないような行動もします。そこで，発達の一般的な原理，学校種でみた心理発達の特徴，発達観・子ども観について有力な見方を提供したピアジェ，フロイト，エリクソン，コールバーグの発達理論をたどります。

　第2章「学習と動機づけ」，第3章「学習指導法」，第4章「教育評価」の3つの章は，授業や自己学習における教え方・学び方とその確認の手続きの概説です。第2章「学習と動機づけ」では，心理学の実験研究の成果から生まれた代表的な学習観，学習に先立つ動機づけや学び方の工夫，忘却のメカニズムなどを概説します。

　第3章「学習指導法」は，特徴のある教授法のいくつかの概説です。通常の授業では，一斉講義，グループ形式の話し合いや共同作業，視聴覚機器による教材提示，インターネットを使ったアクティブ・ラーニングなどが45分あるいは50分の授業の中で小刻みに多用されます。そこで，教育方法の領域でよく紹介される教授法（学習指導法）を紹介します。このような授業の後，授業による学びを見きわめる手続き，すなわちよく使われる評価法を示します。

　第4章「教育評価」は，教育評価の目的や主な評価技術についてまとめてあります。教員が授業を行う時の代表的な教授法とその効果測定，成果の見きわめ・評価について扱われています。

　第5章「学級経営と学級集団」，第6章「教育相談」，第7章「生徒指導と進路指導」はお互いに深く関連しています。教師として児童生徒の集団そのもの向き合うことの章と，教育相談や生徒指導・進路指導のようにどちらかというと個に向き合う章です。第5章「学級経営と学級集団」は，教師が児童・生徒集団と向き合う時の対人的・社会的関係についての概説です。社会心理学の知見は集団特有の人の動き方や人間関係のあり方を教えてくれます。そして，「評価のゆがみ」は現実問題として非常に重要です。

　第6章「教育相談」，第7章「生徒指導と進路指導」，第8章「適応の改善と病理」は学校生活を送る子どもたちの一人ひとりの個に対する関わり方について述べています。第6章から第8章までは，生徒指導や教育相談あるいは進路指導について多くの教師が行うことの一通りの紹介です。進路指導は教師と子どもたちの日頃の意思疎通が重要であり，そのような教師－児童生徒の対人関係をベースに成立する合意的・教育的行為です。長いキャリア発達の過程からみた学校の出口の問題としてとらえていきます。第8章「適応の改善と病理」は，教師の仕事が教科の指導だけではないこと，同僚や上司・生徒本人や保護者・外部専門機関に関する知識が必要であることに触れています。

　第9章「特別支援の理解・心理」は，「学級経営と学級集団（第5章）」「教育相談（第6章）」「生徒指導と進路指導（第7章）」「適応の改善と病理（第8章）」と深く関わっています。そして，本来は「小学生から高校生の発達（第1章）」のみちすじと不可分の同行・併走する内容です。近年の発達心理学の考え方は，おおよその「標準的」なみちすじを示すだけでなくて，発達障がいや境界領域，児童虐待や不登校なども含めた医学的・文化的な観点も含めて理解・支援する傾向が強くなることに対応させました。

（大野木）

発展学習 Q&A1　教育心理学で使用するデータの収集法には，どんなものがありますか

1. 観察法

研究対象を注意深く見ることを観察といいます。この観察法（observation）で，日常起こっている場面をありのまま観察する場合が自然的観察法です。一方，統制された条件のもとで行動を観察する場合が実験的観察法です。観察法の基本はできるだけ研究対象を客観的にとらえることです（5章5，p.64参照）。

2. 実験法

ある特定の心理的な現象を明らかにするために，一定の条件のもとで，実験者が何らかの操作を加え，その反応を測定します。この時の操作を加えた要因を**独立変数**といい，その操作の結果として測定されたものを**従属変数**といいます。実験の効果をみるためには，実験に組み込んだ要因以外の影響を統制します。具体的には，独立変数と従属変数以外の変数の影響がないようにします。

最もよく使われるのは**統制群法**です。等質な2群を用意して，一方の群に対してのみ独立変数を操作します。この独立変数を操作した群が実験群です。実験群と比較するために操作を全く行わない群が統制群です。この2つの群の従属変数に違いがみられれば，独立変数が影響を与えたと考えるわけです。実験法は独立変数と従属変数との**因果関係**を明らかにする方法です。

3. 質問紙法

多くの質問項目について，調査協力者に自記式で回答してもらう方法で，**質問紙法**（questionnaire）といいます。あらかじめ設定された選択肢の中から回答する形式と回答欄に自由に記入する形式の2つがあります。一度に多くの人に質問紙を配布し，多くのデータを収集できる点が長所です。従来の集団調査や郵送調査などに加え，インターネットを利用した**オンライン調査**も増えています。

一方，質問紙に書いてあることが理解できない人（たとえば，乳幼児やその質問文を理解できない人，識字できない人など）には実施できないのが短所です。また質問の意図を誤って解釈される可能性があるという問題点もあります。

因果関係を検討するのとは違い，質問項目間の関連，つまり相関関係を調べることが主となります。

4. 面接法

当人（面接協力者）に直接質問して，口頭で回答してもらう方法が**面接法**（interview）です。質問者（面接者）とのやり取りが可能なため，質問の意味を十分に理解してもらい，回答が不十分な場合には補ってもらうこともできます。

構造化面接は，あらかじめ質問する内容を設定しておく方法です。一方，**非構造化面接**は，ある程度聞きたいことだけ質問を設定しますが，聞き方は自由であり，反応に応じて柔軟に質問を展開できる方法です。言い換えて質問したり，より深く尋ねたりすることも可能です。これらの中間として，**半構造化面接**があり，あらかじめ質問項目を用意していますが，会話の流れに応じて質問の順番の変更や場合によって質問の追加をする方法です（5章5，p.64参照）。

（二宮）

発展学習 Q&A2　教育心理学で使用するデータの分析法には，どんなものがありますか

1．仮説検定

はじめに統計的な仮説検定の考え方について解説します。基本的な考え方は，次の3つです。

①本来主張したいことと対立する仮説である**帰無仮説**（null hypothesis）を設定します。具体的には，「○○と□□とに相違はない」，「○○と××とは関連性はない」というように，主張したい事柄と対立する仮説を設定します。

②この帰無仮説が正しいという仮定のもとで，データがどの程度の低い確率で得られるのかを統計量（たとえば t 検定，F 検定，χ^2 検定など）を用いて算出します。

③その確率が事前に定めた基準（有意水準，一般的には5％以下）よりも小さければ，帰無仮説のもとではめったに起こらないもので，そうした珍しいデータが得られたのは帰無仮説が間違っていたためであると判断します。そして帰無仮説を棄却する，つまり「○○と□□とに相違がある」，「○○と××とは関連性がある」という結論に結びつけます。当然ながら，偶然に得られたデータとは判定できない場合は，帰無仮説を採択することになります。

2．記述統計

データのもつ性質を要約して記述することを目的とし，その指標としてデータを図示したり，代表値を求めたり，2つの変数の関連を相関係数で示すなどのことです。

（1）**代表値**：代表値とは，ある集団の数量的分布の中心的位置を表す数値です。

最頻値（モード）は，最も多い度数を示す測定値（データ）の値です。**中央値**（メディアン）は，データを順番にならべた時の真ん中の測定値の値です。**平均値**は，個々の測定値の和を測定値の個数で割った値で，この算術平均が最もよく使用されます。

標準偏差（Standard Deviation: SD）は，データの分布のひろがりの程度を示すために用いられます。標準偏差の自乗が**分散**です。この値が大きいほど分布の散らばりが大きいことを意味しています。

（2）**相関係数**：2つの変数の直線的な関連性を相関という概念を用いて，関連の程度を数値によって表します。代表的な相関係数は，ピアソンの積率相関係数（r）であり，$-1 \leq r \leq 1$ の値をとります。

3．推測統計

（1）**平均値の差の検定**：ある集団と別の集団の相違を調べる代表的な方法は，平均値を比較することです。その統計的手法には，t 検定や分散分析があります。t 検定は，2つの集団（たとえば，男子と女子）の平均値の差が，意味のある差かどうかを判断する検定です。3つ以上の平均値の差を検定するには，**分散分析**（Analysis of Variance: ANOVA）を用います。

（2）**度数の検定**：データが平均値などの連続変量ではなく，カテゴリー度数といった離散変量である場合は，χ^2（**カイ二乗**）**検定**を行います。

（3）**多変量解析**：人の行動や心の状態を検討したい時，1つの変数では説明できないことが多くあります。そのために**多変量解析**（multivariate analysis）が用いられます。よく用いられる多変量解析には，因子分析，重回帰分析，クラスター分析などがあります。

（二宮）

第1章

小学生から高校生の発達

学習の主な目標
・小学生，中学生，高校生の心理発達の特徴を理解する。
・発達を説明する代表的理論であるピアジェ，フロイト，エリクソン，コールバーグの諸説を学ぶ。

1　心理発達の特徴：小学生期の概観

1. 小学生期の全般的特徴

　6歳から12歳までのいわゆる小学校6年間の時期が，一般に児童期とよばれています。同じ小学生でも，1〜2年生の低学年児（前期）と3〜4年生の中学年児（中期）および，5〜6年生の高学年児（後期）とでは，心身の発達の特徴は異なっています。

　小学校入学前の幼児期では，日常の身辺の社会生活に必要な基礎的技能を身につけるとともに，自我が芽生え発達します。自己主張の現れとして**第一反抗期**とよばれる現象がみられます。児童期前期は幼児期の延長であり，幼児期の特徴を残しながらも急速にそれから脱却します。児童期中期は心身ともに最も安定した時期です。児童期後期は青年期（思春期）の前兆があり，性的な発育など青年期への移行がみられます。

　全般的にみれば，比較的安定した発達過程をたどり，順調で平穏な成長をとげる時期です。論理的な思考や道徳意識が発達する時期であるといえます。

2. 身体・運動の発達

　身体発育は，それほど急激ではないものの着実な伸びがみられます。その発達のテンポは，男子と女子ではやや異なり，女子の方が男子よりも早めに発達し，10〜12歳にかけて男子を上回ります。その後は男子が追いつき，女子をしのぐようになります（図1-1a,b）。

　幼児期にみられたあどけない顔立ちや3頭身，4頭身といった体つきが，しだいにキリッとした顔立ちと6頭身，7頭身のひきしまった体つきとなります。

　運動能力が著しく発達する時期で，走ったり，跳んだり，投げたりといった運動技能が向上するだけ

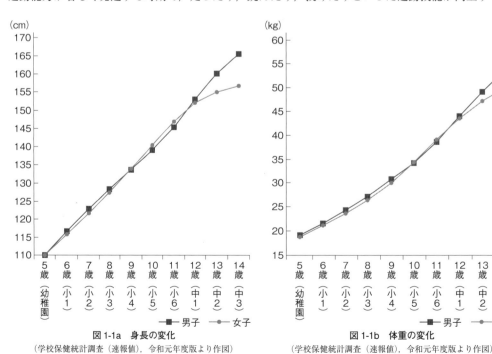

図1-1a　身長の変化
（学校保健統計調査（速報値），令和元年度版より作図）

図1-1b　体重の変化
（学校保健統計調査（速報値），令和元年度版より作図）

でなく，児童期後期ではゲーム性豊かな**スポーツ活動**ができるようになります。

3. 認知・思考の発達

ピアジェは，児童期の思考を**具体的操作**の時期として特徴づけました（詳しくは1章4，p.20を参照）。具体的な対象物について論理的に操作し，思考を進めることができるようになります。様々な事物から本質的な共通した性質を抽出する能力を**抽象**といいます。児童期前期では，与えられた事物に共通した知覚的類似性によって分類する知覚的抽象が中心です。児童期後期には，与えられた事物の共通特性を上位の類概念によって分類する概念的抽象ができるようになります。

この時期に獲得される最も重要な知的技能の1つに，**リテラシー**（読み書き能力）があります。**読書**を通して，様々な情報に接し，認識する世界が広く，深くなります。自分の興味をもった事柄について調べたり，考えたりすることができるようになります。知識欲が旺盛となり，いろいろなことを知るようになります。さらには将棋やトランプなどの知的ゲームをすることができるようになります。

4. 社会性の発達

児童期の子どもは，小学校入学を契機に，家庭といったいわゆる**タテの人間関係**を中心とした生活から，学校という新しい社会の中で，いわゆる**ヨコの人間関係**を中心とした生活を送るようになります。

かつては児童期中期に，地域における自然発生的な，おもに同性の遊び集団が形成されていました。その時期を**ギャング・エイジ**とよんでいました。今日では，遊び場の減少や遊びの内容の変化，学習塾での勉強などによる自由時間の減少によって，こうした仲間集団が少なくなっています。

児童期後期になると，気の合う数人の特定の友だちと付き合うようになります。いわゆる**親友**とよぶような同性の友だちができます。

公平と不公平，平等と不平等，規則を守るといった順守の気持ち，何が正義かといった**道徳性**について，考えるようになります（詳しくは1章7，p.23を参照）。アイゼンバーグは「思いやり」行動についての判断の発達について，5つのレベルがあると述べています（表1-1）。

それぞれの文化・社会で，男性や女性に対して行動・態度・性格・感情など，ある一定の特性が望ましいものとして期待されています。この性別によって期待されている特性のことを**性役割**といいます。男女の行動の基準で，いわゆる「男らしさ」とか「女らしさ」です。この基準は，社会や文化が異なれば違うし，同じ社会でも時代とともに変化します。今日の日本では，男女の性役割の違いは撤廃される方向にあります。

（二宮）

表1-1 「思いやり」行動についての判断の発達 (Eisenberg, 1986に基づき作成)

レベル	内容	おおよその年齢
Ⅰ	快楽主義的・自己焦点的指向	小学校入学前および小学校低学年
Ⅱ	他者の要求に目を向けた指向	小学校入学前および多くの小学年
Ⅲ	他者からの承認および対人関係的指向，あるいは良い悪いについての紋切り型の指向	小学生の一部と中・高校生
Ⅳa	自己反省的な共感的指向（役割取得や罪責感を含む）	小学校高学年の少数と多くの中・高校生
Ⅳb	移行段階（内面化された価値などを含んでいる）	中・高校生の少数とそれ以上の年齢の者
Ⅴ	強く内面化された段階（個人の尊厳，権利や平等についての信念に基づいている）	中・高校生の少数だけで，小学生には全くみられない

2　心理発達の特徴：中学生期の概観

1. 中学生期の全般的特徴

青年期の始まりは，性的成熟によって特徴づけられます。中学生の時期は，青年期前期にあたり，「子どもから青年へ」の過渡期です。**思春期**ともよばれています。身体における急激な成長と変化によって，児童期で順調かつ平穏に成長してきた子どもが，あらためて変化しつつある自分の姿に気づくようになります。いわゆる**自我の目覚め**の時期です。

青年期を形容することばには，『疾風怒濤』（ホール，1904），『第二の誕生』（ルソー，1762），『心理的離乳』（ホリングワース，1928），『周辺人』（レヴィン，1939），『自我の発見』（シュプランガー，1924）などがあり，それぞれが青年期の特徴を言い当てています。

青年期という時期は，未開社会では全くないか，ごくわずかな時期にしかすぎませんでした。文明社会になるにつれ，成人社会の一員となるための教育や訓練の期間が必要となりました。子どもでもないおとなでもない（子ども扱いもされないし，おとな扱いもされない）過渡的な状況を，中学生の時期は呈しています。

2. 身体の発達

児童期後期から青年期前期にかけて，身体の量的変化（**思春期スパート**）が顕著にみられることは，既に述べました（図1-1a,b）。

青年期前期における身体の発達で特徴的なことは，性機能に関連した成熟であり，質的な変化がみられることです。出生時に存在している体の構造上の相違を一次性徴といい，性ホルモンなどの分泌が活性化することから起こる変化を**二次性徴**といいます。男女共通には陰毛や腋毛の発毛，ニキビの出現などです。また，男子では声がわり，ヒゲの発毛，射精，女子では乳房の発育，初潮などが挙げられます。男子では中学3年生頃に半数のものが射精を経験し，女子ではこれよりやや早く小学6年生で約60％の者が月経を経験しています（図1-2）。

性的成熟の出現には，性差（女子の方が1～2年早い）や個人差（早熟と晩熟には5～6年の開き）があります。世代差もあり，初潮経験を比較すると，前の世代よりも開始年齢が早期化しています。このような身体的および性的な発達が前傾化している現象を**発達加速現象**といいます。この要因として，栄養状態の向上，性的刺激の増大，都市化などが挙げられています。なお，最近では男子の精通経験は，むしろ長期的には遅延化していることが指摘されて

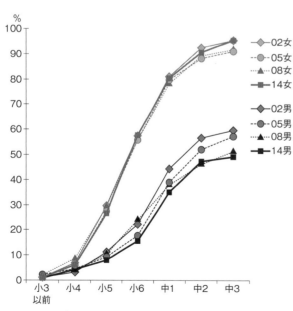

図1-2　年齢段階別にみた精通・初経の経験率の推移
（日本性教育協会，2014）

います。

3. 自我の発達

自我とは，意識や思考，行動，感情の主体となっている「自分」を表すことばです。この主体としての自我に対して，客体としての**自己**があります。ジェームズは，知るものとしての自己（主我，純粋我）と知られるものとしての自己（客我，経験我）とに分けました。さらに後者を物質的自己，社会的自己，精神的自己の3つに分けることができると述べました。また，ミードは，自己を観察する自我（主体我，I）と観察される自己（対象我，me）に分けています。

青年期における自我の目覚め，あるいは自己の発見は，急激な身体的変化を1つの引き金として，「自分とは何か」という問いかけに始まります。それは，「見つめる自分と見つめられる自分」の分離によって可能になります。自分というものをもう一度見直し，新たな自分を再構成する時期です。

4. 社会性の発達

中学生の悩みのうちで大きな割合をしめるのが，学業と友人関係に関する問題です。不登校，校内暴力，非行などの学校不適応や問題行動の背景となる要因となります。学年別の不登校児童生徒数をみると，中学校3年間に増大している様子がわかります（図1-3）。

さらに，学校生活を送るようになると友人関係の広がりとともに**いじめ**の問題がでてきます。いじめとは，「当該児童生徒が，一定の人間関係のある者から，心理的，物理的な攻撃を受けたことにより，精神的な苦痛を感じているもの」と定義されています。起こった場所は学校の内外を問いません。いじめの発生件数は小学校2年生でいったんピークになり，その後中学校1年生で再び増えています（図1-4）。

日常的で繰り返し起こる学校生活での悩みや不満を**学校ストレス**といいます。こうしたストレスに対処できる力を育てる必要があるでしょう。

（二宮）

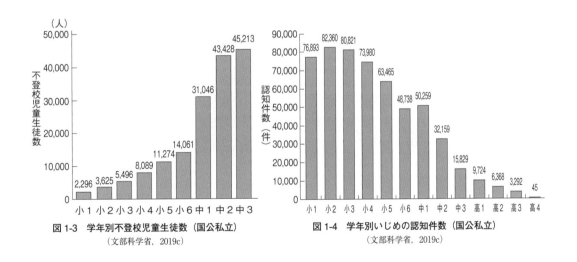

図1-3　学年別不登校児童生徒数（国公私立）
（文部科学省，2019c）

図1-4　学年別いじめの認知件数（国公私立）
（文部科学省，2019c）

3　心理発達の特徴：高校生期の概観

1. 高校生期の全般的特徴

　高校生の時期になると，しだいに身体的・生理的な成長が安定してくる中で，自己を深く見つめるようになります。また，人間関係のウエイトがしだいに家庭内から友人関係，異性関係へと広がり，他者との関わり方が多様化していきます。

　ほとんどの中学生が高等学校に進学する（約96.5％）現在では，進学する高校を選択する段階で，初期的な人生選択をせまられます。高等学校には普通科，工業科，商業科，農業科，家庭科，看護科など学科別にカリキュラムが異なり，養成しようとする人材像も違っているからです。しかし，高校3年間の生活を終える頃には，大学や専門学校などへの進学か，あるいは就職かという大きな人生選択が待っています。そのためには，自分の適性を見きわめることが求められます。

　この時期の障害として，摂食障害があります。拒食症と過食症に大別されます。一般的に身体的な疾患がないのに食物を受けつけず身体的に痩せていくという特徴を示すのが**思春期やせ症**です。この症状は，この時期のとくに女性にみられる心身症です。ダイエットなどがきっかけで，過度に体重が減少していき無月経になってしまう状態です（9章9，p.113参照）。

2. 自己意識の変化

　自分の経験や学習を通して自分という存在や生き方，あり方などの問題に取り組み始めます。

　自己意識を時間軸でみましょう。**過去自己**は「～であった」自分，**現在自己**は「～である」自分です。自分自身をどのような人間としてとらえるのかという自己意識や自己概念は，その人の行動の内的な照合枠組みとして作用します。正確で客観的な自己意識をもつことは，案外難しいものです。「～でありたい」自分を**理想自己**といいます。「～ではありたくない」自分は負の理想自己です。また「～になれるであろう」自分は**可能自己**として区別することもできます。高校生の時期には，過去から現在への自己変化の様子を理解し始めます。また，現在の自己をもとにして将来の理想像や予想される自己像などをしだいに分化させ明確にしていきます。

　自分をとらえる視点も複眼的になります。さらに，自分を諸側面に分けて考えます。とくに，高校生の時期には学業や成績，進学・進路についての側面に関連した悩み事が多くなります。一方で，容姿・容貌など身体的側面にこだわりをもつことが多くなります。この時期は一般に自分自身に対する満足度が低く，不満感が高い傾向にあります。自己を少しでも受け入れつつ，肯定的な自己意識をもつことが望まれます。

3. 友人関係の変化

　悩みや心配事の相談相手として，父母や教師に比べ友人が多くなります。友人と一緒にいる時に，生きがいを感じるようになります。**友人関係**のもち方について，友人との関わり方に関する姿勢の次元と自分が関わろうとする相手の範囲の次元の2つからみることができます（図1-5）。前者は「友だちと選択的に深く関わろうとするか」それとも「防衛的に浅く関わろうとするか」ということです。後者は「人を選択し限定した友だちと関わろうとするか」それとも「広い範囲の友だちと関わろうとするか」ということです。高校生の時期には，「浅く広く」というタイプは減少し，「深く狭く」というタイプが

増え，友人関係のもち方に変化がみられます。

4. 高校生活への適応と進路選択

高等学校への不適応は不登校や非行などから退学といった経緯をたどることが多くなります。高等学校の中途退学者数（平成29年度）は，約46,800人でした。中でも，定時制高校の中途退学率が高くなっています。高等学校の中途退学の理由の第1位は，学校生活・学業不適応，第2位は進路変更です。中途退学者はニート (NEET: Not in Employment, Education or Training) といわれる「職に就いておら

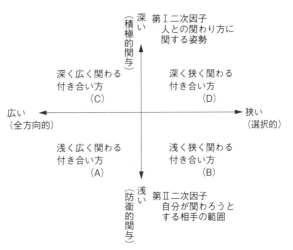

図1-5 友だちの付き合い方を構成する2次元と付き合い方の4パターン（落合・佐藤, 1996）

ず，教育機関に所属しておらず，就労のための特別な訓練も受けていない人」のかなりの部分になっています。ニートには享楽型（社会との関わりに無関心で，今が楽しければよいとする），引きこもり型（社会との関係がきずけず，こもってしまう），立ちすくみ型（就職を前にして何をしてよいのかわからずたちすくむ），自信喪失型（いったんは就職して，自信をなくしてしまう）という類型が挙げられます。さらに中途退学者のかなりの人は，正規雇用ではなく自由に働く**フリーター**になっているといわれています。

高等学校卒業者の進路状況（令和元年度の学校基本調査）は，大学等への進学率が54.8％，専門（専修）学校への進学率が16.3％で，進学者の割合の合計は7割を超えています（図1-6）。高学歴社会といえますが，高等学校を卒業し，すぐに就職した人の割合は17.6％でした。

高等学校卒業後の自分の進路をどう選択するのか，さらにはどういう職業を選択するのか，という重要な決断をするライフイベントがこの時期にあります。

（二宮）

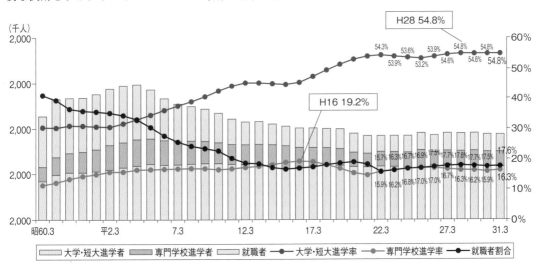

図1-6 高等学校卒業者の主な進路状況（令和元年度学校基本調査）

（注） 1 図中の枠囲いは，最高値である。（以下，同じ）
2 就職者割合の最高値は，昭和36年3月の64.0％

4 発達の基礎理論1：ピアジェの認知発達理論

1. シェマ

ピアジェは，認知発達とは**シェマ**の構造化であると考えました。シェマとは，外界を認識するための心的枠組みです。ものを動かしたり，イメージをつくり上げたりというような行動を可能にする下書きや図式のようなものです。このシェマを使って，人は外界に働きかけたり，外界を取り入れたりします。これを**同化**といいます。それがうまくいかない場合には，自分がもっていたシェマを変化させて外界を取り入れます。これを**調節**といいます。シェマは同化と調節を繰り返しながら**均衡化**し，より複雑に構造化されて発達していきます。

2. 認知発達段階

ピアジェは認知発達の段階を大きく4つの時期に分けました。

(1) **感覚運動期**（0〜2歳頃）：感覚と運動を協応させながら外界を認識する段階です。少なくとも1歳半頃までは，対象の永続性が理解できない段階といえます。

(2) **前操作期**（2〜6・7歳）：ことばやイメージによって外界を表象する段階です。しかし，思考は知覚により強く影響され，論理的な操作はまだできず，自己中心性がみられます。

(3) **具体的操作期**（6・7〜11・12歳）：論理的操作を獲得します。しかし，具体的な世界に限られている段階です。保存課題を例にして説明しましょう（表1-2）。保存課題では，知覚的判断と論理的判断とが相対立する事態に，子どもを直面させます。**保存**とは，物質の量や重さ，長さなどは，加えられたり減じられたりしない限り，外観や形態が変化しても同じであることをいいます。保存の概念は，具体的操作の段階に入ってはじめて成立するもので，可逆性（同一性復元）の理解という内的な操作によっています。

(4) **形式的操作期**（11・12歳以降）：具体的な内容から離れて，論証の形式だけにしたがって推論を進められる段階です。たとえば，仮説を立てて，それをもとにして推論を展開していく**仮説演繹的思考**などが可能になります。現実に起こっていないことがらに対しても，「もし〜であれば，……であろう」という推論をすることで，論理−数学的操作ができるようになります。

(二宮)

表1-2 様々な保存テスト（野呂，1963より）

		相等性の確定	変形操作	保存の判断
液量		容器の形や大きさの変化によっても，その中の液量は変わらない。		
		どちらも同じ入れものの中に色水が同じだけ入っていますね。	こちらの色水を別の入れものに全部移し替えます。	さあ，色水はどちらも同じだけ入っていますか。それともどちらかが多いかな。
数		集合内要素の配置の変化によっても，その集合の大きさは変わらない。		
		白色の石と黒色の石とでは，どちらも数が同じだけありますね。	いま，黒色の方を並べ替えてみます。	さあ，白石と黒石とでは，その数は同じですか。それともどちらかが多いかな。

5 発達の基礎理論2：フロイトの性的発達理論

1. 心的構造論

　精神分析学の創始者である**フロイト**は，人の心の構造は，無意識を含めたイド（エス），自我（エゴ），超自我（スーパーエゴ）の3つの層から形成されていると考えました（図1-7）。意識的な自分は自我で，意識すると不安になるような不快な内容が抑圧によって無意識に封じ込められたものがイドです。**イド**はひたすら快楽を求めるような欲求のエネルギー源で，**快楽原則**にしたがいます。フロイトはとくに性的な欲求である**リビドー**の役割を強調しました。あまりに奔放な欲求は受け入れられないので，抑圧されます。一方，批判的に自分を監視し罰する働きが超自我です。**超自我**は，幼少期の両親のしつけが内在化されてできた領域です。「してはいけない」という良心からの禁止，「しなさい」という理想の追求からなります。自我はイドと超自我を調和させて外界へ順応する働きをもち，**現実原則**にしたがって欲求充足の遅延や反社会的な本能の抑圧をすると考えられました。
　イド，自我，超自我はつねにダイナミックな緊張関係にあります。このような力のバランスを調整するために自我が用いる方略が**適応（防衛）機制**です（8章3，p.94参照）。

2. 心理－性的発達

　フロイトは，リビドーを満たす身体部位（性感帯）の観点から独自の発達段階を考え，各段階でリビドーが充分に満たされなかったり，過剰だったりすると，その段階に固着し，様々な不適応がもたらされると考えました。心理－性的発達の段階を大きく5つの時期に分けました。

　(1) **口唇期**（生後18か月まで）：リビドーが口唇に向かっており，食べること吸うことによって充足される時期です。この時期に固着した性格は，外界のものを取り込む機制から，何でも自分のものにしたがるような性格がみられます。自己愛傾向との関連で記述されることが多く，依存的で流動的な性格特徴を示します。

　(2) **肛門期**（18か月～36か月頃まで）：リビドーが肛門に向かっており，トイレ訓練が始まります。この時期の固着は排泄を統制することや意思へのこだわりと関連します。倹約家，頑固，几帳面などの特徴をもちます。

　(3) **男根期**（3歳から6歳にかけて）：性器が満足感の源泉となります。5歳くらいで男子は**エディプス・コンプレックス**が表面化する時期です。母親に性的欲望をもち，それに対応して父親に恐怖を感じるようになります。このコンプレックスは，父親と同一化し，父親の態度の多くを自分のものとすることで解消します。女子にはエレクトラ・コンプレックスという類似のプロセスがあり，父親に性的欲望をもちます。この時期への固着は，露出的で，自信屋，うぬぼれ，直情的な性格特徴を示します。

　(4) **潜伏期**（6歳から思春期の始まりまで）：リビドーは潜伏している時期です。男子と女子は一緒に過ごすことがほとんどない時期です。

　(5) **性器期**（思春期の始まりから成人期以降まで）：性器が性的快感の主要な源泉となります。愛し愛される能力があり，適応的で成熟した特徴をもちます。

（二宮）

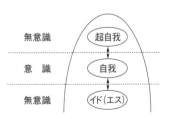

図1-7　フロイトの心的構造論の模式図

6　発達の基礎理論3：エリクソンの心理社会的発達理論

　エリクソンは，人間の発達を生物心理的（精神分析的）観点と社会生活的観点から8段階（図1-8）としてとらえました。発達段階のそれぞれに主要な発達的危機（人生発達の分岐点）を「〇〇　対　△△」という形で示しました。

　たとえば，最初の段階（乳児期）では，「基本的信頼（感）対　不信（感）」です。この時期には，養育者の「母性」との関係の中で，より多く「基本的信頼感」を経験することによって，「希望」という**徳目**（活力）が獲得形成されるとしています。早期幼児期では，自分の意志を表出する（自分を主張する）ことが親からは成長として肯定される一方で，時にはうまくできない自分に対する恥ずかしさや疑念（たとえば，トイレットトレーニング中の失敗）をも経験します。遊戯期では，おもに家族との関係の中で，自分が進んで行うという「主導性」をより多く経験して「目標」を定め達成することができるという徳目を得るとしています。学童期では，学校生活を中心にしてやればできるという「生産性」をより多く経験することによって，何事にも取り組むに自分はふさわしい「適格性」という徳目を獲得するとしています。青年期では，同世代との関係の中で，自分という存在の連続性（これまでの自分を引き継いでいる自分）と一貫性（状況が変わっても自分は一貫して同一の自分）という意識を確認し自覚できること（「アイデンティティ（達成）」）を通して，信ずることや課題に取り組む「誠実（性）」を修得することになります。

　このように，エリクソンは人生のそれぞれの段階において，主要な社会的文化的環境が変わること，その時期の環境での中心的課題（心理−社会的危機，クライシス），またその環境との交互作用を通して修得する基本的感覚・能力（徳目，活力）を提示しました。

（宮沢）

（死へのレディネス）

	1	2	3	4	5	6	7	8
Ⅷ成　熟　期								統合性 対 嫌悪・絶望
Ⅶ成　人　期							生殖性 対 自己吸収	
Ⅵ初期成人期					連帯感 対 社会的孤立	親密さ 対 孤立		
Ⅴ青　年　期	時間的展望 対 時間的展望 の拡散	自己確信 対 自己意識 過剰	役割実験 対 否定的同一 性	達成期待 対 労働麻痺	アイデンティティ 対 アイデンティティ 拡散	性的同一性 対 両性的拡散	指導性の 分極化 対 権威の拡散	イデオロギーの 分極化 対 理想の拡散
Ⅳ学　童　期		↑		生産性 対 劣等感	労働アイデンティティ 対 アイデンティティ喪失			
Ⅲ遊　戯　期	（その後のあらわれ方）		主導性 対 罪悪感		遊戯アイデンティティ 対 アイデンティティ空想	←（それ以前のあらわれ方）		
Ⅱ早期幼児期		自律性 対 恥・疑惑			両極性 対 自閉			
Ⅰ乳　児　期	信頼 対 不信				一極性 対 早熟な自己分化			
社会的発達 生物的発達	1 口唇期 oral	2 肛門期 anal	3 男根期 phallic	4 潜伏期 latent	5 性器期 genitality	6 成人期 adult	7 成人期 —	8 老熟期 —
中心となる環境	母	両親	家族	近隣・学校	仲間・外集団	性愛・結婚	家政・伝統	人類・親族
virtue 徳	hope 希望	will 意志力	goal 目標	competency 適格性	fidelity 誠実	love 愛	care 世話	wisdom 英智

図1-8　エリクソンによる精神発達の漸成図式（西平，1979）

7 発達の基礎理論4：コールバーグの道徳性の発達段階説

1. 道徳性の発達段階

何が善であり何が悪なのかを，自らが考え，判断し，実行することが道徳性の本質といえます。ピアジェは，**道徳性**の発達を他律的で大人からの拘束による道徳観から自律的で仲間との協同による道徳観への変化ととらえました。また，一方的尊敬から相互的尊敬への変化としてとらえました。

コールバーグは，ピアジェの認知発達の考え方を引き継ぎ，子どもでも自分なりの正しさの枠組みをもっており，それに基づいて道徳的な判断をすると考えました。その正しさの枠組みとは，個人の尊厳を内実とする**公正さ**（justice）の観点です。その観点が発達とともに質的に変化するものとして3水準6段階からなる**発達段階説**を提唱しました（表1-3）。

前慣習的水準である段階1は「罰と服従への指向」であり，罰を避け，力のあるもの（権力など）に服従するといったことで，善悪を決めます。段階2は「道具主義的な相対主義」の段階で，自分または他人の要求の満足によって善悪を決め，人間関係を取り引きのようにみます。

慣習的水準の段階3は「対人的同調あるいは『良い子』」指向の段階で，まわりの人々に喜ばれたり，認められたりすることで行為の善悪を決め，ステレオタイプ的な良い子のようにふるまいます。段階4は「『法と秩序』」指向で，権威，規則，社会秩序の維持に関心を向け，義務の遂行，権威の尊重，秩序の維持などを基準として善悪を決めます。

後慣習的水準の段階5は「社会契約的な法律指向」であり，個人の権利や社会的に承認された基準を用いて，功利的に善悪を決めようとします。最後の段階6は「普遍的な倫理的原理への指向」の段階であり，倫理的包括性，普遍性，一貫性に訴え，自分で選んだ倫理的原理にしたがい，良心に基づいて善悪を決めます。その原理は，人間の尊厳を尊重するといった抽象的で普遍的なものです。

ギリガンは，コールバーグの理論が男性を中心とした考え方であると批判しました。女性は人間関係，気配り，共感などを主要原理とする**「配慮と責任の道徳性」**を発達させることを提唱しました。

（二宮）

表1-3 道徳性の発達段階 (Kohlberg, 1976)

水 準	段 階	概 要
前慣習的水準	1：罰と服従への指向	苦痛と罰を避けるために，おとなの力に譲歩し，規則に従う。
	2：道具主義的な相対主義	報酬を手に入れ，愛情の返報を受ける仕方で行動することによって，自己の欲求の満足を求める。
慣習的水準	3：対人的同調，「良い子」指向	他者を喜ばせ，他者を助けるために「良く」ふるまい，それによって承認を受ける。
	4：「法と秩序」指向	権威（親・教師・神）を尊重し，社会的秩序をそれ自身のために維持することにより，自己の義務を果たすことを求める。
後慣習的水準	5：社会契約的な法律指向	他者の権利について考える。共同体の一般的福祉，および法と多数者の意志によりつくられた標準にしたがう義務を考える。公平な観察者により尊重される仕方で行為する。
	6：普遍的な倫理的原理への指向	実際の法や社会の規則を考えるだけでなく，正義について自ら選んだ標準と，人間の尊厳性への尊重を考える。自己の良心から非難を受けないような仕方で行為する。

発展学習 Q&A3　親子関係の心理的な結びつきは何ですか。また，それはどのように測定しますか

1. 愛着（アタッチメント）

ボウルビィによれば，**愛着（アタッチメント）**とは「他の個体と『くっつく』（アタッチ）ことによって安全感を確保しようとする個体の傾性」を意味します。愛着行動は，愛着対象への接近を維持し，接触を求める行動です。発信行動（泣き，微笑，発声など），定位行動（注視，後追い，接近など），能動的身体的接触行動（よじのぼり，抱きつき，しがみつきなど）のカテゴリーに分類されます。

ボウルビィは，愛着の発達段階を4つに分けています（表1-4）。発達早期の養育者（主として母親）との具体的な相互作用の特質が，徐々に自己や他者さらには対人関係に関する一般化されたイメージや主観的な確信として取り込まれます。ボウルビィはこれを**内的作業モデル**とよび，個人のその後の人生における一貫した対人関係スタイルやパーソナリティをささえる機能を果たすと仮定しました。

2. ストレンジ・シチュエーション

エインズワースは，愛着の個人差をストレンジ・シチュエーション法によって測定することを考案しました。はじめての場所，知らない人の出現，母親の不在といったストレスのかかる事態での乳児の行動を観察する方法です（図1-9）。母親との分離の時，悲しみを示すか，母親との再会により悲しみが慰められるかなどの観点から，大きく安定群，回避群，アンビヴァレント群の3群に分類しました。安定群は，母親を安全基地として新奇場面で活発に探索を行い，母親への接近，接触要求が強く，分離の時の悲しみや再会による歓迎行動が目立ちます。回避群は，母親への接近や接触行動が少なく，母親からの働きかけを回避しようとします。アンビヴァレント群は，不安や混乱を示す傾向が強く，なかなか慰められず反抗的な行動がみられます。近年はこれら3群に収まりきれない無秩序群の存在が報告されています。行動全般が不自然でぎこちなく，突然おびえすくむようなことがあり，親の抑うつや親からの虐待などが想定されています。

（二宮）

表1-4　愛着の発達段階 (Bowlby, 1969)

段階		特徴
第一段階	人物の弁別をともなわない定位と発信（誕生～12週）	相手の方を向く，眼で追う，つかむ，手を伸ばす，微笑む，喃語を言う，人の声を聞いたり顔を見たり抱かれたりすると泣きやむ，といった人間指向の行動をするが，まだ特定の人物を識別する能力はない。
第二段階	1人（または数人）の弁別された人物に対する定位と発信（12週～6か月）	人間指向的な行動は，より明確に，より頻繁に示されるようになり，特に母性的人物に対してより顕著な形で示される。
第三段階	弁別された人物に対する発信ならびに動作による接近の維持（6,7か月～2歳）	母親を他から明確に区別し，外出する母親を追う，帰宅した母親を喜んで迎える，探索活動の基地として母親を利用する，未知の人に対して人見知りをする，などの反応があらわれる。
第四段階	目標修正的協調性の形成（2歳～）	母親が自分から独立して存在することを理解し，母親の感情や行動の目的などを見通せるようになり，互いに自立した存在として安定した協調的な関係（partnership）を結ぶことができるようになる。

図1-9 ストレンジ・シチュエーション法の手続き

| 発展学習 Q&A4 | 初期の親子関係にとって重要な意味をもつ研究にはどのようなものがありますか |

1. 刻印づけ（インプリンティング）

動物行動生態学者の**ローレンツ**は，カモやアヒルなど孵化直後から開眼し，歩行が可能な離巣性の鳥類が，孵化直後の一定期間内に最初に出会った動く対象に，接近・追従反応を示すようになることを見出しました。親だけでなく，多種の動物や人，動くおもちゃであっても後追い反応が生じます。これが**刻印づけ**（インプリンティングまたは刷り込み）とよばれる現象です。しかし，孵化後一定期間を過ぎると，このような現象は生じません。孵化直後の重要な一定期間を**臨界期**とよんでいます。

2. 代理母実験

ハーローは，生まれたばかりの子ザルを2種類の代理母模型（針金製と針金をやわらかい布でおおったもの：図1-10）で，飼育する実験をしました。それぞれの模型から授乳される子ザル群の行動を比べると，授乳時以外は両群ともに布製模型に接触して過ごすことがわかりました（図1-11）。見慣れないぬいぐるみのような刺激を与えると，両群とも布製模型にしがみつきました。こうした実験結果から，子ザルにとって授乳という生理的欲求の充足が母親への愛着形成の主要因ではなく，ぬくもりを与えてくれる接触の快感が重要であることを明らかにしました。

3. マターナル・デプリベーション（母性剥奪）

イギリスの精神科医**ボウルビィ**は，第2次世界大戦中に疎開した子どもや戦災孤児などの研究を通して，マターナル・デプリベーション（母性剥奪）の弊害について論じました。乳幼児と母親（あるいは母親に代わって継続的に養育する人）との人間関係が親密で継続的であり，両者が満足感と幸福感を得られるような人間関係が精神衛生の基礎であると指摘しました。母子関係の相互作用が重要であり，生後間もない時期の母子相互作用の欠如を「母性的養育の喪失」とよびました。こうした母子相互作用の研究は，Q&A3（p.24）で解説した**愛着**（アタッチメント）の研究につながっています。　　　　（二宮）

図1-10　針金製母親と布製母親
(Harlow & Mears, 1979を参考に作成)

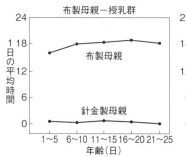
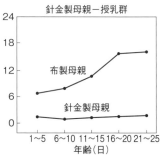

図1-11　2つの違う授乳条件で育った子ザルの布製母親および針金製母親と過ごした時間　(Harlow & Mears, 1979)

発展学習 Q&A5　親の養育態度と子どもの発達にはどのような関係がありますか

1. 一方向的なモデル

親が子どもに一方向的な影響を与えるというモデルです。この考え方は、サイモンズやバウムリンド、さらにはホフマンの養育態度の研究につながっています。サイモンズ（1939）は、親子関係の基本的な軸として、支配－服従、受容－拒否という2つの次元を設定しました（図1-12）。かまいすぎである「過保護」、甘やかしすぎる「溺愛」、ほったらかしである「放任」、厳しすぎる「過酷」の4つの型に分類しました。

バウムリンド（1991）は、ルールを押し付け服従を期待する「権威主義的」（authoritarian）なタイプ、子どもの願望を受け入れ、ほとんど要求もしないし罰も与えない「許容的」（permissive）なタイプ、子どもに対して要求も応答性も高い「威厳のある」（authoritative）タイプという3つのタイプに分けました。「威厳のある」養育態度が有効であるといわれています。

ホフマン（2000）は、しつけの中心に罰をすえる「力中心」、そんなことすると知らないからねといった「愛情の除去」、考えてごらん型の「誘導的方法」の3つのしつけスタイルに分けています。思いやり行動のしつけには、誘導的な方法が有効であることを明らかにしています。

2. 相互作用モデル

子どもも社会化の過程の中で役割を果しているという考え方でありトマスとチェス（1986）の「相性の良さ」の研究があります。親の養育実践と子どもの気質の相性が、その後の子どもの発達にとって重要であるとする考え方です。「育てやすい子」「ウォームアップの遅い子」「むずかしい子」という典型3タイプを挙げ、それぞれが親との相性の関係で、良い点を伸ばすことにもなれば、問題を引き起こすこともあることを指摘しています。

3. 相乗的相互作用モデル

子どもを子ども自身が受ける養育行動を形成する能動的な作用者であるとみなす考え方です。サメロフ（1975）らによって提唱され、子どもと養育者の影響が時間の経過の中で互いに作用しあい、後のパーソナリティが形成されていくとするものです。パターソンたち（1982）は、「親が子どもの行動を形成し、また子どもが親の行動を形成する」ことを指摘しています。　　（二宮）

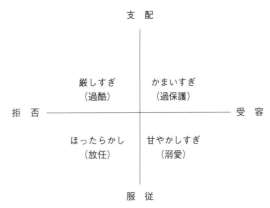

図1-12　親の養育態度 （Symonds, 1939 より作図）

第2章

学習と動機づけ

> **学習の主な目標**
> ・心理学の実験研究から生まれた代表的な学習観，動機づけ理論を学ぶ。
> ・学び方の工夫としての学習方略を学ぶ。
> ・忘却のメカニズムを学ぶ。

1 心理学からみた学習

1. 学校学習の諸相

　学校教育では，系統的，体系的に配列した教育目標について学習します。ただ，その学習内容は，必ずしも子どもの興味・関心事ばかりとはいえません。動機づけの低い状態での学習指導では，教員による専門的知識や教授技術が不可欠になります。子どもたちの思考過程と学習の動機づけメカニズムを知ることが重要になります。たとえば，これは，好き嫌いの多い子どもに対する食事・栄養指導と似た面があります。

2. 連合説からのアプローチ

　初等教育に多くみられる学習は，「できないことが，（練習によって）できるようになる」タイプの学習です。たとえば「逆上がりができる」（体育），「漢字の読み書きができる」（国語）など，技術的な上達をともなう学習です。これには**学習の連合説**と総称される学習理論が現在も影響を及ぼしています。連合説に分類されるものとしては，パヴロフの古典的条件づけ（レスポンデント条件づけ），スキナーの道具的条件づけ（オペラント条件づけ），ソーンダイクの試行錯誤説などがあります。

　古典的条件づけのメカニズムの解明によって，ある場面で発生する感情・情緒が，生得的ではなく学習の結果によることが示されました。○○に対する不安や恐怖反応などは学習性であり，再学習によって解消できることがわかりました。また，試行錯誤説やオペラント条件づけのメカニズムの解明によって，後に触れるような CAI（コンピュータ支援教育）の開発が進みました。

3. 認知説からのアプローチ

　「考える」とか「わかる」といった思考活動とその産物は学習ではないのでしょうか。むしろ，それらを学習とみるのが**認知説**です。これには，当時のゲシュタルト心理学，今日では大脳生理学を含めた，いわゆる学習科学・認知科学（ソーヤー，2006）が大きな貢献を果たしています。

　初期の認知説には，ケーラーの洞察説，トールマンのサイン・ゲシュタルト説，レヴィンの場の理論などがあります。たとえば，ケーラーは，高くて届かないバナナを取る時にチンパンジーが棒を使用した行動を観察しました。そして，道具として棒を使ったチンパンジーには，＜手段−目的＞の見通しの思考が発生したとして，学習の洞察説を提唱しました。トールマンは，ラットによる迷路学習の実験を行いました。ラットが迂回路を発見したのは目的地（ゴール）までの認知地図ができたからだとして，学習のサイン・ゲシュタルト説を唱えました。これらの学習実験から，解決場面の認知や認知構造が学習であるとする立場が生まれました。これらは，現代では，認知科学の創生期の研究として位置づけられています。

4. そのほかの学説

　このほか，社会文化的な学習観や状況的学習論などもあります。これらは，同じ価値観や学習目的をもつ集団，あるいは階層社会的な構造をもつ共同体―たとえば会社，宗教団体，家元的な集団など―において，その集団の中で一人前になっていくことこそが学習であるとする学習観です。

　何を学習とみなすかによって，指導法や教授法が変わってきます。評価のあり方も変わります。

(大野木)

2 教室や家庭での外発的動機づけと内発的動機づけ

1. 内発的動機づけと外発的動機づけ

動機づけ（もしくは動機）は，一般に「やる気」などと表現されるものであり，行動を導く大きな原因の1つと位置づけられます。すなわち，学習への動機づけが強い子どもでは学習行動がより積極的になると仮定されます。

動機の分類は様々なものがありますが，その1つに，**内発的動機づけ**と**外発的動機づけ**という分け方があります。興味や関心など動機づけの源が自分の内側にあり，その行動をすること自体が目的となる場合を内発的，賞や罰のように自分の外側にあり，行動がそれに到達する（もしくはそれを避ける）手段となる場合を外発的とよびます。では，内発的動機づけによってなされている行動に，賞やご褒美などの外的な報酬を与えるとどうなるでしょうか。この場合，内発的動機づけが低下するという現象が確認されています。これを**アンダーマイニング現象**とよびます（過剰な正当化効果ともよばれます）。何かを頑張っている子どもに対して賞やご褒美を用意することもしばしばありますが，その用い方には留意が必要といえるでしょう。

2. 内発的動機づけと外発的動機づけの関係

小さい頃に親に強制され，嫌々習っていたピアノが，今では趣味として楽しめるものとなっている，というようなことがあります。これはピアノを弾くことが，小さい頃は外発的動機づけによって，今では内発的動機づけによってなされているということであり，動機づけが外発から内発へと移行した一例と考えられます。

3. 原因帰属と動機づけ

原因帰属とは，ある行動の結果についてその原因を推測する認知過程のことです。ワイナーらは表2-1のように，内的か外的か，安定的か不安定か，統制が可能か不可能かという3つの次元から原因の帰属を分類しています。表2-1から，原因をどのように推測するかによって，その後の動機づけは変化しうることがわかるでしょう。

(浦上)

表2-1 原因の所在，安定性，コントロール（統制）可能性からみた原因帰属
(Weiner, 1979；辰野，1997より)

	内 的		外 的	
	安 定	不安定	安 定	不安定
統制可能	典型的努力 ・私はいつも一生懸命勉強する	直接の努力 ・私は準備しなかった	教師の態度 ・私は，先生が私を……以後好んでいるとは思わない	異例の援助 ・私は……なしにはできなかったであろう
統制不可能	能　力 ・私はこれが上手だ	気　分 ・私は今日不快だ	難しい問題 ・そのテストはほんとうに難しすぎた	幸　運 ・私はたまたま昨夜その部分を読んだ

3 学習される動機づけ

1. 学習される動機づけ

 動機づけは様々な要因から影響を受けると考えられますが,動機づけ自体が学習されるという考え方もあります。その1つに,**学習性無力感**があります(セリグマン)。たとえば数学が苦手で,「勉強しても,私は数学ができるようにはならない。だからやらない」という高校生がいたとしましょう。その生徒は,小学校高学年の頃から算数につまずき,一時は自分でも頑張って勉強したもののわかるようにはならなかったという経緯です。こういう場合,数学に対して学習性無力感が形成されているために動機づけが低くなっていると考えられます。「頑張ってもできるようにはならなかった」という過去の経験から,「自分はどうやっても数学ができるようにはならない」ということを学習し,それゆえ動機づけが低くなるのです。

2. 自己効力

 他方で,「自分ならできるはず」と考えることは動機づけを高めます。ある結果にたどり着くために必要な行動を,自分ならうまくできるという自信,信念のことを**自己効力**とよびます。自己効力が高いほど,粘り強く努力を続けることが明らかになってきています。バンデューラはこの自己効力が4つの情報源によって導かれると考えました(図2-1参照)。まず①遂行行動の達成ですが,自分でやってみて,成功したという経験が自己効力を高めます。次に②代理的経験です。ほかの人がうまくやっているのを観察(モデリング)することで,自分もやれるだろうという自己効力が高まると考えられます。さらに③言語的説得があります。重要な他者から「あなたならきっとできる」などと励まされることです。そして④情動喚起です。これはそれをやっている時の自分の状態が情報源になるものです。自分が恐怖や不安を感じていると認識すると自己効力は低下し,うまくやれていると認識すると自己効力は高まります。

 バンデューラは遂行行動の達成が最も影響力の強い情報源になると指摘していますが,ここに,達成できたという過去の経験から,自分ならできるはずという自己効力が学習されていることを見出せます。

(浦上)

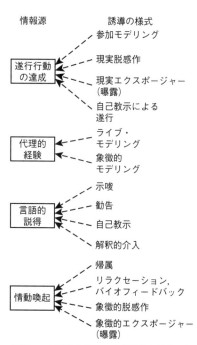

図2-1 自己効力の4つの情報源と誘導の様式
(Bandura, 1977 より)

4　記憶のメカニズムと忘却

1．記憶と学習の関係

　練習を積み重ねて技能を習得するような学習では，経験を踏まえて行動を修正していきます。他方，知識の理解や認知の変容を学習とみるにしても，既知の知識がなければ照合したり思考したりすることが困難です。これらには，いずれにも記憶過程が働いています。

　認知心理学の領域では，知識（記憶）を宣言的知識（記憶）と手続き的知識（記憶）に分けています。**宣言的知識**とは，大まかには，「何かがわかる」ようになる時の知識です。**ネットワーク理論**によると，宣言的知識の構造は，既知の知識と既知の知識がネットワーク構造になっていると想定します。つまり「わかる」とは，新しい知識が，自分の既知のネットワーク構造に何らかの意味づけを経て組み込まれていくことを意味します。このほか**スキーマ理論**では，記憶を各場面（スキーマ，フレーム）と，各スキーマ間の一連の流れ・順序（スクリプト）から説明します。たとえば，パターン化した物語や囲碁・将棋の手順を一瞬で覚えるのは，そのフレームとスクリプトのスキーマが既にあるからです。

　手続き的知識は，「何かができる」ようになる時の知識です。手続き的知識では，「IF－THEN ルール（もし○○なら，△△せよ）」といった形式の集まりによって知識が形成されるとみます。

2．忘却の理論

　ある程度の長期にわたる記憶の保持を考えた時，忘却の主な説明理論は2つあります。1つは検索失敗説，もう1つは干渉説です。

　検索失敗説では，いわゆる「のどまで出かかる現象」「ど忘れ」の状態であるケースを説明しています。覚えていることは自覚がありますが，想起のヒントが出てこないとみなします。ですから，このような忘却を回避するには，〈想起のヒントに留意しながら覚えると想い出しやすい〉とされます。

　もう1つは**干渉説**です。忘却は似た内容どうしが妨害しあって混乱することにより発生するとみなします。図2-2に2通りの干渉パターンを示します。順行干渉は，時間の経過の方向に影響を及ぼすパターンです。Aの記憶保持のため新しくBを覚えるのが妨害されるのです。逆行干渉は，時間の流れをさかのぼった方向に影響が及ぶ場合です。新しくBを覚えることにより既有のAの記憶保持が妨害されるパターンです。記憶の干渉は，AとBがよく似ている時に起こりやすいとされます。AとBの同じ部分，違う部分を意識して覚えることが記憶の想起には重要になります。これらから自分の記憶力の見きわめ（メタ記憶）ができるようになると記憶方略や学習方略を工夫するようになります。

（大野木）

A → B	Bが影響を受ける時，順行干渉（順向干渉） Aが影響を受ける時，逆行干渉（逆向干渉）

図2-2　忘却の干渉説

5　学びの方略 1：学習方略

1. 学び方を意識する

　たとえ学習習慣が身についてきたとしても，成果や結果がともなわないと，せっかくの習慣が失われてしまいかねません。そのため，学習効果，学習効率を上げるということも重要なポイントになります。学習効果，学習効率を上げることを意図して行う心的操作あるいは活動を**学習方略**とよびます。それらは表2-2のように大きく分類できます。なお，多くの学習方略は脳の性質とも密接に関連しています。神経科学（脳科学）によって脳や記憶のメカニズムは徐々に明らかにされてきていますが，それにそった学習方略が有効であることはいうまでもないでしょう。

　(1) **リハーサル方略**：リハーサルとは，覚えるべきことを繰り返し意識することです。九九を何度も繰り返して口にすることで覚えていくといった方法がこれにあたります。脳には，記憶すべき情報とそうでない情報を仕分ける機能があります。繰り返し意識するといったように何度も同じ情報に触れていると，脳はそれを記憶すべき情報に仕分けるようになり，その結果，忘れにくくなります。

　(2) **精緻化方略**：精緻化とは，覚えるべきこと，学ぶべきことに手がかりを与えることです。手がかりは，既にもっている知識やイメージです。それらと，新しく学ぶことを組み合わせるような操作です。

　(3) **体制化方略**：歴史上の出来事を年表としてまとめる，数学の解法が似たような問題をまとめるなど，関連性のあるものをまとめる方略です。関連性によってまとめ，整理することを体制化といいます。

　(4) **理解監視方略**：自分の学習の目標をたて，到達度を監視し，必要ならば学習活動を修正するといった活動のことです。

　(5) **情緒的（動機づけ）方略**：自分の感情や，学習時間，学習環境の管理に関する方略です。（浦上）

表2-2　学習方略のタイプ（Weinstein & Mayer, 1986；辰野，1997より）

カテゴリー	具体的方法
リハーサル	・逐語的に反復する，模写する，下線を引く，明暗をつけるなど
精緻化	・イメージあるいは文をつくる，言い換える，要約する，質問する，ノートをとる，類推する，記憶術を用いるなど
体制化	・グループに分ける，順に並べる，図表を作る，概括する，階層化する，記憶術を用いるなど
理解監視	・理解の失敗を自己監視する，自問する，一貫性をチェックする，再読する，言い換えるなど
情緒的（動機づけ）	・不安を処理する，注意散漫を減らす，積極的信念をもつ（自己効力感・結果期待），生産的環境をつくる，時間を管理するなど

6 学びの方略2：自己調整学習

1. 自己調整学習

「自ら学ぶ力」というものが学校教育で重視されていますが，これは自分で自分の学習をコントロールすることと言い換えてもよいでしょう。そしてこれはジマーマン（1989）などによって研究が進められている自己調整学習とも密接に関わっています。**自己調整学習**とは，目標の達成に向けて，自らの思考や感情，行動をコントロールする過程をさします。ジマーマンは，この自己調整学習を支える要素として，①自己効力感，②自己調整学習方略，③目標への関与の3つが重要であると指摘しています。

2. 自己調整学習方略

自己調整学習方略は，学習を効果的に進めるために様々な側面を自分で調整する方略のことです。自分の内の認知過程や学習行動，学習環境などに働きかけ，それをうまくコントロールする方法をもっていることが重要になります。

多くの研究者が自己調整学習方略にどのようなものがあるのかを探究していますが，表2-3にはジマーマンが見出しているものを取り上げています。なお，このカテゴリー中には現れていないことばですが，たとえば「体制化と変換」や「目標設定とプランニング」「記録をとることとモニタリング」などの方略はメタ認知の機能に強く影響を受ける方略といえます。メタ（meta-）とは「二次的」というような意味をもつことばです。**メタ認知**は，自分の認知についての認知，すなわち「自分が何を知っているかがわかる」といったように，自分の思考や行動そのものを認知の対象とした認知のことをさします。これができることで，自分の学習行動が適当なのかどうか，何をやるべきなのかといった自分自身によるコントロールが可能になります。

(浦上)

表 2-3 自己調整学習方略のリスト (Zimmerman, 1989; Zimmerman & Martinez-Pons, 1990 をもとに伊藤，2012 が作成)

方略のカテゴリー	方略の内容
自己評価	取り組みの進度と質を自ら評価すること。
体制化と変換	学習を向上させるために教材を自ら配列し直すこと。
目標設定とプランニング	目標や下位目標を立てること。目標に関する活動をどのような順序，タイミングで行い，仕上げるのかについて評価を立てること。
情報収集	課題に関する情報をさらに手に入れようと努めること。
記録をとることとモニタリング	事のなりゆきや結果を記録するように努めること。
環境構成	学習に取り組みやすくなるような物理的環境を選んだり整えたりすること。
結果の自己調整	成功や失敗に対する報酬や罰を用意したり想像したりすること。
リハーサルと記憶	様々な手段を用いて覚えようと努めること。
社会的支援の要請	(a) 仲間，(b) 教師，(c) 大人から援助を得ようと努めること。
記録の見直し	授業やテストに備えて，(a) ノート，(b) テスト，(c) 教科書を読み直すこと。

発展学習 Q&A6　知能とは何なのかについて諸説を述べてください

「知能をどのように表したらよいでしょうか」。

ウェクスラーは，知能は特定の能力ではなく，各個人が目的的に行動し，合理的に思考し，自分の環境を能率的に処理する総合的な能力と定義しています。知能の高さは身長の高さのように外見で判断できるものではありません。心理学では，知能をどのように定義したらいいか，様々な研究者が研究を重ねてきました。

スピアマンはあらゆる知的な活動に共通して働く知能を一般知能因子（g）と名づけ，一般因子だけでは説明がつかない点をそれぞれのテストに固有（たとえば計算なら計算だけに必要な能力）の特殊因子（s）と名づけて知能を定義しようとしました（図2-3）。

サーストンは知能を7つの因子からなると考えました。これをスピアマンの2因子説に対して多因子説といいます。7つの因子とは，①言語理解，②語の流暢さ，③記憶，④計数，⑤空間能力，⑥帰納的推理，⑦知覚速度です。

キャッテルは流動性知能と結晶性知能から知能を考えました。**流動性知能**とは，記憶力や，問題解決能力，新しい場面での適応に関する能力です。**結晶性知能**とは，経験や学習による知能で，言語理解や経験を通して得た知識などです。流動性知能のピークは比較的若いうちですが，結晶性知能のピークは遅く，高齢期になっても急激な低下はみられません。キャッテルの考え方は認知症を含めた高齢者の知能を考える時に有効な考え方です。

ギルフォードは，知能は4つの内容（どのような種類の情報の），5つの操作（どう考えて処理するのか），6つの所産（その結果得られる内容）の組み合わせ，つまり，$4 \times 5 \times 6 = 120$ のブロック（知能因子）で構成されていると考えました（図2-4）。

スタインバーグは，知能はコンポーネント理論・経験理論・文脈理論の三本柱からできあがっているという鼎立理論を提唱しました。**ガードナー**は知能は1つではなく，複数の独立したモジュールから成っていると考え，8つの独立した能力の集合体が知能だという多重知能の考え方を提唱しました。

知能の概念を研究する一方で，知能を何とか測定したいと考えた研究者もいます。ビネーとウェクスラーです。知能検査によって測られる精神年齢と，実際の年齢である生活年齢の比によって表現されるのが知能指数（IQ）です。

（杉山）

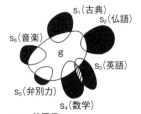

図2-3　知能の2因子説の説明模型（Spearman, 1904）

g：一般因子
s（黒色部分）：特殊因子
斜線部分：群因子
gとsの重複部分：各テストが一般因子を所有している場合

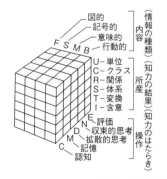

図2-4　知能の構造モデル（Guilford, 1967）

内容——与えられた情報の種類
操作——与えられた情報をどのように扱うか
所産——どの水準まで結果を処理するか

発展学習 Q&A7　知能指数，知能偏差値，学力偏差値の表示について説明してください

　IQ ということばは，日常でもよく使用されており，どこかで聞いたことがあるのではないでしょうか。IQ は**知能指数**（IQ：intelligence quotient）のことです。知能指数は，知能検査の結果から算出されます。今日の知能検査の原型を作成したのはフランスの**ビネー**です。その作成過程で，知能のレベルをわかりやすく表示する方法として，**精神年齢**（MA：mental age）いう概念が考案されました。ドイツのシュテルンは，精神年齢／生活年齢（歴年齢，実年齢）を指標として知能の程度を測定することを提案し，**ターマン**によって，**知能指数**が導入されました。知能指数は，［精神年齢（MA）／生活年齢（CA）］× 100 で，算出されます。IQ = 100 が生活年齢相当の知能であり，100 以下であると生活年齢にともなわない知能の程度，100 以上であると生活年齢以上の知能の程度ということになります。

　しかしこの計算式では，精神年齢が生活年齢に比例して上昇することが仮定されているため，成人の知能のレベルをきちんと示すことができません。そこで集団内の個人の相対的位置づけを示す**偏差値**の考え方が用いられています。**知能偏差値**は，図に示した式で示され，IQ = 50 が平均的な知能のレベルであることを示しています。**偏差知能指数**（DIQ: deviation IQ）も知能偏差値と同様の考え方ですが，知能の平均的なレベルが IQ = 100 となることが知能偏差値と異なります。

　日本では，知能偏差値と同様に，平均点を 50，標準偏差を 10 とした値が，**学力偏差値**として多く用いられています。なお，偏差値という語は日本独自の表現で，統計学的にいうと正規化した z 得点，あるいは T 得点のことです。詳細は心理・教育の統計書や本書の Q&A11（p.56）をみてください。

(山本)

(1) 知能指数（IQ）

$$\text{知能指数（IQ）} = \frac{\text{精神年齢（MA）}}{\text{生活年齢（CA）}} \times 100$$

(2) 知能偏差値

$$\text{知能偏差値} = 10 \times \frac{\text{個人の得点（}X\text{）} - \text{個人の属する集団の平均点（}M\text{）}}{\text{個人の属する集団の標準偏差（}SD\text{）}} + 50$$

(3) 偏差知能指数

$$\text{偏差知能指数} = 15 \times \frac{\text{個人の得点（}X\text{）} - \text{個人の属する集団の平均点（}M\text{）}}{\text{個人の属する集団の標準偏差（}SD\text{）}} + 100$$

図 2-5　知能指数，知能偏差値，偏差知能指数の計算式

発展学習 Q&A8　最近の発達障碍研究についてワーキングメモリの観点から説明してください

　ワーキングメモリ（作動記憶）は，計算や推論，会話，読み書きなどの認知機能を遂行するために一時的に必要となる記憶です。ワーキングメモリのモデルの中で，広く知られているのがバッデリーのモデルです（図2-6）。このシステムは，聴覚的な情報を保持する音韻ループと，視覚的・空間的情報を保持する視空間スケッチパッドと，複数の情報の統合された表象を保持するエピソード・バッファからなるとされています。またこうした情報を保持するシステムに加えて，情報を管理・制御する中央実行系というシステムが想定されています。

　ワーキングメモリは，国語，算数（数学），理科などの学習と密接に関連しており，発達障碍の子どもの多くがワーキングメモリに問題を抱えていることが，近年明らかになっています（Alloway, 2010; Gathercole & Alloway, 2008）。学校での活動の多くは，複数の作業の組み合わせからなり，ワーキングメモリに大きな負担がかかります。そのためワーキングメモリに問題を抱えていると，ワーキングメモリの負荷に対処できず課題に失敗します。その積み重ねが学習遅延につながるということが指摘されています（湯澤, 2014）。ワーキングメモリに問題がある子どもを早期に同定し，子どもに何らかの介入を行うことで学習遅滞を防ぐことができると考えられます。

　ワーキングメモリに問題がある子どもを同定するために，児童用のウェクスラー式知能検査であるWISC（Wechsler Intelligence Scale for Children）や認知処理過程と知識・技能の習得度から子どもの知的能力を評価するK-ABC（Kaufman Assessment Battery for Children）などの検査が用いられます。WISC-Ⅳでは，10の基本検査から，言語理解，知覚推理，処理速度，そしてワーキングメモリといった分野ごとに指標得点を算出することが可能です。K-ABCの改訂版であるKABC-Ⅱでは，認知処理能力を，情報を時間的な順序で連続的に処理する継次処理と，情報を同時にまとめて処理する同時処理，そして学習能力，計画能力の4つの能力から測定することが可能です。こうした検査を用いて，ワーキングメモリなどの子どもの認知処理様式の特徴を探り，学習支援に役立てることができます。

　学習支援のための介入アプローチとしては，トレーニングによってワーキングメモリそのものを訓練し，その容量を増大させようとする試みがなされています。また授業場面では子どもが課題を遂行する際にワーキングメモリにかかる負荷を減らすような支援をすることや，子どものワーキングメモリの特徴を把握しその特徴にあった学習環境を提供することも重要です。

（山本）

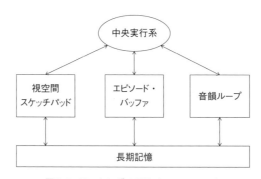

図2-6　ワーキングメモリ（Baddeley, 2000）

発展学習 Q&A9　マズローによる欲求の階層説とは何ですか

1. 欲求の階層説

　マズローは人間を，主体的な自由意思をもつ存在であり，自己実現に向かって人間性を開発していく存在とみなしています。**自己実現**は，自分の能力を最大限に発達させ活用するといった，すべての資質や力量を十分に発揮することです。マズローは，人間の欲求を5つに分類するとともに，それらは自己実現の欲求を最高位におく階層構造をなしていると考えました（図2-7参照）。また欲求間の関連は，低次の欲求が充足されるとより高次の欲求が現れると仮定しています。

(1) **生理的欲求**：生命維持に関する，食事・水・空気・睡眠などに対する欲求。
(2) **安全欲求**：安全であることや保護されていること，安定や予測可能で秩序だった状態に対する欲求。
(3) **所属と愛情の欲求**：集団への所属や自分が必要とされているという感覚，愛し愛されているという感覚を求める欲求。
(4) **尊厳・承認欲求**：これには2つの側面があり，1つは他者に価値ある存在と認められ，尊重されることを求める欲求，もう1つが自信や能力の獲得など自尊心に関わる欲求。
(5) **自己実現の欲求**：自己実現に対する欲求。マズローは，「自己実現をする人は，愛他的，献身的，自己超越的，社会的である」と強調した。

2. 自己実現と教育

　自己実現は学校教育の場でもしばしば耳にする用語ですが，マズロー自身は，自己実現のできる人間は年輩者であり，若い人では不可能という結論を導いています。マズロー以外にも自己実現という用語を用いている研究者が少なからずおり，この用語を耳にした際には，その意味に留意が必要な用語でもあります。

（浦上）

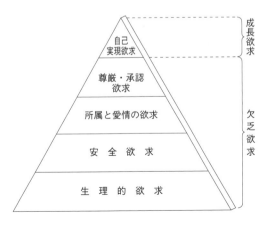

図2-7　マズローの欲求階層説

第3章

学習指導法

> **学習の主な目標**
> ・教室でみられる授業形態が多彩であることを知る。
> ・発見学習，仮説実験授業，有意味受容学習，プログラム学習を学ぶ。
> ・ATI，プロジェクト法，アクティブ・ラーニングを知る。

1 教室でみられる授業形態のいろいろ

1. 授業形態のいろいろ

年間授業時間数は学習指導要領に定められていますが，毎日の授業時間については，学校や学年ごとに違いが許されています。多くの小学校では1時限を45分，中学校や高等学校では50分とし，また年間では2学期制や3学期制を採用している学校が多いといえるでしょう。

学校の授業を見学したり，自らの過去を振り返るとわかることですが，授業の形態や教授法は実に多彩です。たとえば，小学校の生活科などでは2時間続きの授業になっている場合があります。1時限目にはグループ単位で街探検をし，2時限目には発表して互いに共有します。外国語活動（小学校）や英語科目ではALT（外国語指導助手）が一緒に教員チームとして参加します。DVDのような視聴覚教材も使用します。コンピュータ室でも授業を行います。一方，中・高等学校の数学などでは，授業の前半に教員が解説をし，その後は生徒がひたすら各自で問題を解いたりします。国語（古典）では，教員が生徒を指名して音読を求め，そのあとは現代語の解釈に入ることもあります。児童・生徒の集中力の状態や，教育目標達成に適した営みか否かを経験的に判断し，試行錯誤的に行っているのでしょう。

2. 一斉授業を中心とした教授法

一人の教員が，大勢の児童・生徒に対して一様に授業を行う形式を**一斉授業**とよびます。一斉授業では個別に対応するというよりも，目前の集団そのものに対して働きかけるのがつねです。教室に集まった児童・生徒に対し，同一時間内に，同一目標に到達するように，同一内容を教えるのです。

工夫としては，途中でグループ学習を導入したり，視聴覚教材を視聴させてグループ討論をさせたりもします。これは，児童・生徒同士の学びあいの場面も設けるためです。一斉授業の内で特徴的な教授法としては，発見学習，仮説実験授業，有意味受容学習などがあります。

一斉授業の長所は，多くの学習者に一斉に知識を伝達する点で効率が良いという点に尽きます。これによって，教員数，教室数，授業時間数の多さが軽減できます。教員が自分のペースで体系的に説明・解説していける点も優れています。ただし，習熟度や理解度の点については，児童・生徒が教員の教えるスピードに合わせる必要があります。そこで，これを補うものとしてコンピュータ支援学習（CAI），適性処遇交互作用（ATI）などが提案されています。

3. アクティブ系の学習

授業に複数の教員が参加できるのならば，T・T（チーム・ティーチング）が使えます。T・Tは，外国語活動，CAIにおける巡回指導，プロジェクト法を使ったグループ学習などでよく使われます。特に，近年では，配置に工夫をしたオープンスペース風のパソコン室の出現によって，アクティブ・ラーニングもさかんになっています。教員から児童・生徒の方向への知識伝達に留まらず，発表を通じての児童・生徒同士の学び合いも行われています。

（大野木）

2 発見学習，仮説実験授業

1. 発見学習

学習すべき原理や法則を学習者自身が発見するタイプの学習を**発見学習**（discovery learning）とよびます（ブルーナー，1960）。これは，最先端の研究者が行っている創造的な思考過程を子どもたちに追体験させ，科学的思考力を育成しようとするのが目的です。もちろん，子どもたちが最先端の知識を理解できるわけではありませんが，これによって科学的な発想や論理の進め方が育成され，やがては年齢の上昇にともなって優れた科学者が育っていくことをねらいます。児童・生徒の思考活動は表 3-1 のようになります。教員が教えることを子どもたちが学ぶというよりも，子どもたち自らが科学的思考法を学ぶのです。

表 3-1　発見学習の手順（水越, 1977）
①学習過程（課題）を把握する
②仮説を立てる
③仮説作業に高める
④仮説の検証（実験）とまとめ

2. 仮説実験授業

日本の**板倉聖宣**（いたくらきよのぶ）は 1963 年に**仮説実験授業**を提唱しました。ブルーナーの発見学習とほぼ同様の発想によります。板倉は，教育現場の協力を得ながら非常に多くの「授業書」を作成しています。授業書とは細かく授業展開をまとめたものです。仮説実験授業では，この授業書に沿って忠実に授業を行います。思考過程が重要なので，児童・生徒には予習は求めません。

『仮説実験授業入門』（明治図書，1971）に紹介されている小学校 4 年生の体重の授業実践例を紹介します（図 3-1）。体重計に乗った時，次の 3 つの乗り方「両足で立つ」「片足で立つ」「しゃがんでふんばる」では，重さはどうなるでしょうか？という問いかけをします。このような教員からの問いに対して，子どもたちは 4 つの選択肢から自分の考えを選びます。そして，選んだ理由を考えることも求められます。同書によると，「しゃがんでふんばる」が一番多かったそうです。次には，子どもたちの間で討論のセッションに移ります。たとえば，「荷物ならどんな形においても重さは変わらないと思う。人間だって同じでしょう」「しゃがんでうんと力を入れると，（胸のあたりをさして）このへんに力が出るから，それだけ重くなる」などの理由が発表されます。このあと，授業では実際に体重計に乗って重さを確かめていきます。以後，子どもたちに対して，教員が実験の結果を書くように指示します。このように，仮説実験授業では仮説→討論→検証（実験）という論理的な思考の展開を図ります。

問題：
　みなさんは，身体検査で体重をはかったことがありますね。そのとき，はかりの上で両足で立つのと，片足で立つのと，しゃがんでふんばったときとでは，重さはどうなるでしょう。（図 1）
ア．両足で立っているときが一番重くなる。
イ．片足で立っているときが一番重くなる。
ウ．しゃがんでふんばったときが一番重くなる。
エ．どれもみな同じで変わらない。
実験と討論：
　あなたの予想に○をつけなさい。ア．イ．ウ．エ．の予想を立てた人はそれぞれ何人いるでしょう。
　みんなはどうしてそう思うのでしょうか。いろいろな考えを出し合ってから，実際に確かめてみることにしましょう。はかりは針がきちんと止まってから目盛を読みます。

（大野木）

図 3-1　もののかたちと重さ（板倉, 1971）

3 有意味受容学習

1. 有意味学習の意味

　有意味受容学習の提唱者の**オースベル**は，学習には「有意味－機械的」「受容－発見」の2次元があり，そのうちで「有意味」と「受容」がとくに重要だと述べています。

　表3-2が分類です。「有意味」とは，自分の知っている知識（認知構造）に関連づけて理解することです。逆に「機械的」とは，学習者にとって意味の理解が不十分な状態のまま覚えることです。もう1つの「受容－発見」ですが，「発見」はブルーナーの提唱した発見学習のことです。逆に，受容学習とは提示された学習内容を受け入れて学習することです。自ら発見的に学ぶことではありません。

　オースベルの有意味受容学習は，学習内容について自分が知っている知識（認知構造）に関連づけ位置づけたうえで，受容的に学ぶ学習法です。学習者の年齢が高くなると，学習指導要領に指定された内容は非常に多くなりますから，発見学習ばかりでは，とうてい時間的に追いつかないというマイナス点があります。その点で，有意味受容学習は上級学校の生徒に適した学習方法です。

2. 先行オーガナイザー

　学習材料が「有意味」の状態になるのは簡単ではありません。そこで，学習者にとっての新しい知識と学習者の既有の知識とを結びつけるような手がかり（理解のヒント）を前もって提示しておくことが考えられます。この働き，あるいはこの働きを促すようなヒント情報を**先行オーガナイザー**（advance organizer）といいます。たとえば，文章の読解に当たっては，以下の文章がどんな内容であるかの小見出しがあったり，事前に目次があったりすると理解が早くなります。

　先行オーガナイザーには，(1) **説明オーガナイザー**：学習者があまり知らないような内容を教えるときに情報やヒントになるもの，(2) **比較オーガナイザー**：既知の知識と比較して類似点や相違点を整理する働きをもつ情報やヒントになるものの2つがあります。

（大野木）

表3-2　オースベル（1968）による学習タイプの分類

	発見学習	受容学習
有意味学習	有意味発見学習	有意味受容学習
機械的学習	機械的発見学習	機械的受容学習

4 適性処遇交互作用（ATI）

1. 適性処遇交互作用（ATI）とは何か

　適性処遇交互作用という教育指導上の効果は，アメリカの教育心理学者**クロンバック**（Cronbach, L. J.）らによって強調されました。適性とは aptitude，処遇とは treatment，交互作用は interaction です。統計処理に詳しい人は，実験後のデータ処理の重回帰分析や分散分析をイメージするとわかりやすいでしょう。ある適性 A をもった児童生徒は，教授法1（処遇1）の方が効果的ですが教授法2（処遇2）ではあまり促進的な効果がみられない，逆に適性 B をもった児童生徒は教授法2（処遇2）の方が促進的な効果がみられるが教授法1（処遇2）の方は効果が劣るといった効果の違い，すなわち適性と処遇が交差している状態，これを**適性処遇交互作用**（略して **ATI**）といいます。

　授業における教授法では，講義法，グループ学習，有意味受容学習，発見学習などいろいろな教育方法や授業形態が開発されています。しかしながら，一人の教員が一度に大勢の児童・生徒を対象としている限り，個々の児童・生徒間に学習効果の個人差が生まれるのは仕方のないことです。そこで生まれたのが，学習者の適性を配慮するという考え方です。ATI はその1つです。一斉授業では児童・生徒が教員の指導法に合わせる傾向が否めませんが，学習者の適性を考慮する ATI では教員の指導法を学習者＝児童・生徒に合わせることで学習の最適化を目指します。

　これまでに**学習者の適性**として挙げられてきたのは，思考のスタイル，性格，価値観などです。処遇としては視聴覚的方法と講義法などです。

2. 適性処遇交互作用（ATI）の例

　ATI の考えに基づく研究例を紹介しましょう。図 3-2 は，入門期の英語学習における教授法の効果についての結果の一部です。処遇（T）にあたる2つの異なる教授法は，会話中心の教授法（コミュニカティブ・アプローチ）と文法中心の教授法（文法的・アプローチ）でした。学習者の言語性知能を学習適性（A）として考慮すると，言語性知能得点の高い学習者は文法中心の教授法の下でテスト成績が良かったのに対し，言語性知能得点の低い学習者は会話中心の教授法の下でテスト成績が高かったといいます。

（大野木）

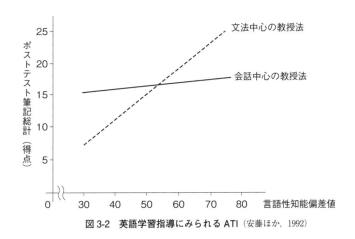

図 3-2　英語学習指導にみられる ATI（安藤ほか，1992）

5　プログラム学習

1. プログラム学習の授業

　プログラム学習は，1950年代に**スキナー**（Skinner, B. F.）によって提唱された学習法で，基本原理は**オペラント条件づけ**です。一連のパッケージ化された教材（学習材）が，冊子やパソコン画面を通じて提示されます。学習者は，提示された質問に対して「はい（○）」「いいえ（×）」などと解答していきます。正解の時には正解という情報が提示され，すばやく次の問題が提示されます。解答形式は多肢選択だけでなく，空欄に書き込むような形式もあります。いずれにせよ，正解があり，解答後には即時に正解が確認できることがポイントです。現在ではパソコンを利用するのが前提となりました。そして，インターネットに載せる（Web based training）ことによって，教室にいなくてもどこでも使用できる形のものも開発されていて，CAIとしても学習環境が良くなっています。

　教員は，授業の最初の頃は，児童・生徒全員に向けて説明などをしますが，一斉授業のように「教員→学習者集団」への働きかけの時間はあまり取りません。むしろ，児童・生徒がそれぞれのパソコンに向かい，自分の教材を自分のペースで進めていきます。教員は机間巡視をして声がけしたり，学習者からの質問に答えたりします。教員の役目としては，教室全体に気配りすることが多くなります。

2. プログラム構成の原理

　解答までの時間は学習者に任されていますから，ある人は早く，別の人はゆっくりと学習を進めることができます。教材パッケージは，これまでの学習歴を踏まえて選ぶことができますから，解答時間という量的な面，教材パッケージの難易度という質的な面の両方に対応した教授法になります。

　プログラム学習を支える原理が表3-3です。**スモール・ステップ**とは，学習の初期から最終目標までの行程を小さな行為の連続として分解することです。その方が習得が容易になります。**積極的反応**とは学習者が解答反応をすることです。これはオペラントに対して強化を随伴するという条件づけの原理に基づきます。**即時確認（フィードバック）**の原理は，結果の知識を即時に提供することで解答が正しいか否かを確認させることです。学習の個別化・**自己ペース**の原理は，学習者のペースで学習が進むことをさします。最後の学習者検証の原理は教材提供者サイドの設計と関わります。学習者の解答反応を参照しながらプログラム・パッケージそのものを修正・改良して対応させていくことです。　　　（大野木）

表3-3　プログラム学習の原理

スモール・ステップの原理
積極的反応の原理
即時確認（フィードバック）の原理
学習の個別化・自己ペースの原理
学習者検証の原理

6 プロジェクト法，アクティブ・ラーニング

1．プロジェクト法

　プロジェクト法は**キルパトリック**が提唱した学習方法でプロジェクト・メソッドや構案法ともよばれることがあります。まず生徒自ら，学習の目標を立てます。そして目標を達成するためにどうしたらよいかの具体的な計画を立て，それを実際にやってみます。その結果を考察しながら学習していくという方法です。夏休みの自由研究はプロジェクト法を用いた学習方法といえるでしょう。

　キルパトリックはプロジェクト法で学ぶと知識の獲得（基本反応）だけでなく，やり遂げた達成感や充実感，自尊心など（付随的反応）も同時に得ることができると考えています。付随的反応によってさらに学ぶ意欲を高めていけるのかも知れません。

　最近では，授業や部活動の一環として地元の高校生チームが商品を共同開発したり，イベントを開催したりする活動があります。これもプロジェクト法での学習といえるでしょう。"地元の活性化"という目標に向かって何をつくったらよいか，どうしたら集客があるか，どのような宣伝が必要かなどを，生徒が自ら市場調査を行うことや，成功事例の情報を収集することで考えていきます。そして実際に活動した結果を考察しながら次回の課題を見つけていくのです。

　このような活動を通してICTの活用能力，グラフなどの資料を読み取る力，プレゼン能力，創造性や問題解決能力という基本反応の向上が期待できます。そして，チームワークのための協調性，コミュニケーション能力，社会性などの不随的反応の向上も期待できるでしょう。

2．アクティブ・ラーニング

　2014（平成26）年の初等中等教育における教育課程の基準等の在り方について（諮問）において，アクティブ・ラーニングの充実を提言しています。**アクティブ・ラーニング**とは課題の発見・解決に向けて主体的・協働的に学ぶ学習です。具体的な方法としては発見学習，問題解決学習，体験学習，調査学習などの学習方法が挙げられます。

　発見学習とはブルーナーによる教育方法の考え方です（3章2，p.43参照）。生徒自らがある仮説に対する法則性や効果などを実験や観察を通して発見し，その発見によって進められる学習の仕方です。問題解決学習とは，デューイの問題解決の思考過程の分析から生まれた方法です。生徒たちが普段疑問に思っていることに対して「それはどうしてだろう？」と仮説を立て検証していく学習方法です。仮説が正しいかどうかということよりも，答えを導き出すまでの試行錯誤の過程が重視されます。

　また，教室内でのグループ・ディスカッション，ディベート，グループ・ワークなども有効なアクティブ・ラーニングの方法とされています。歴史上の出来事についてディスカッションしたり，何かについて英語でグループ発表するということもアクティブ・ラーニングのひとつといえます。

　文科科学省はある事柄を知っているというだけではなく，実社会や実生活の中で学んだ知識・技能を活用できるということを重視しています。また，自ら課題を発見し，協力して解決していく力の育成も求めています。上記の学習方法はどちらもそういった力の育成に役立つ授業形態といえます。また，「○○はどうなのか」といった生徒の知的好奇心や探究心を引き出す授業形態ともいえるでしょう。

(杉山)

第4章

教育評価

学習の主な目標
- 教育評価の目的を理解する。
- 評価の時期に基づく事前評価，形成的評価，総括的評価を区別できるようにする。
- 評価基準に基づく目標準拠評価，集団準拠評価を区別できるようにする。
- 客観式テストの種類とねらいに習熟する。
- 記述式，論文体テストの種類とねらいに習熟する。
- ポートフォリオ評価について知る。

1　教育評価

1. 教育評価とは

　授業は目的のはっきりした教育行為であるため，目前の児童・生徒に応じた指導方法を選択します。教育目標や学習目標が効果的に達成されるような授業展開を構想し教授スキルを駆使します。

　授業をすると，その前後には変化が生じます――知識が増えた，考えが変わった，もっていた考えや知識がさらに強く強固になった，固く信じていた知識が逆に不確かになった。いずれにせよ，授業の前後で児童・生徒に変化がないのであれば，授業をしなかったのと同じでしょう。

　授業や教育は目的をもった計画的な営みですから，その効果は適切に評価する必要があります。公教育では，とくに，それを明確にする義務と責任があります。適切な手段で教育効果や学習効果を把握し，それに基づいて，適切かどうかの見きわめをする必要があります。このように，教育指導の営みが目的に照らして適切に成しとげられているかどうかの見きわめをすることを**教育評価**といいます。そして，教員にとっての教育評価の意味は，教育の営みの改善にあります。

2. 教育評価のみちすじ

　教育はおもに教科や特別活動等の時間を使って行われます。教科等の教育目標は**学習指導要領**に示されています（Q&A10, p.55 参照）。

　教育目標が達成されたかどうかの見きわめは，教育に関する測定，すなわちペーパーテストやパフォーマンステストなどの基礎資料に基づいて行います。表 4-1 に教育評価の大まかな流れを示します。

　教育評価は，児童生徒の学業達成のためだけではありません。教育方法が適切であったか否か，学級編成が適切であったか否かなど，広く教育活動の改善のために行われます。

（大野木）

表 4-1　教育評価の流れ

①教育実践後の資料収集	・ペーパーテスト，パフォーマンステスト
↓	・日常の行動観察，緩やかな聴き取りなど
	・学習のポートフォリオ
②教育の評価	・方法
↓	・時期
③改善の計画と実施	

2　評価時期からみた評価，評価基準からみた評価

1. 時期に基づく評価

　ある学習活動の内容的なまとまりを単元といいますが，単元，学期，学年などそれぞれの最初から最後までを追跡的に評価する時，教育前に行う評価を**事前評価**，教育中に行う評価を**形成的評価**，教育後に行う評価を**総括的評価**とよびます。また，事前評価においてとくに児童・生徒の学習状態が具体的にどこがどうなのかをチェックするための評価目的の時，これを強調して**診断的評価**といいます。

　総括的評価は次の教育の事前評価にあたります。指導と評価の関係は時系列的にみると一方向に留まるのではなく，＜P（plan）→ D（do）→ C（check）→ A（action）→ Pへ＞の一連のPDCA循環サイクルになるとみなします。**ブルーム**ら（Bloom et al., 1971）は，このような評価過程を提案して，教育と各段階の評価が密接で不可分な関係であるべきとしています。このような評価を試みるには判断のための基礎資料，判断材料が欠かせません。図4-1は授業の過程ごとにみた評価と資料収集法の関係の一例です。

2. 評価基準からみた評価

　指導要録の記載法は，現在，主に集団準拠評価から**目標準拠評価**へと移行しています。各教科における評価に関しては，学習指導要領に示す各教科の目標や内容に照らして学習状況を評価することになっています。2019年3月29日付の文部科学省通知（30文科初第1845号　文部科学省初等中等教育局長通知）のもと，各教科ごとに「知識・技能」「思考・判断・表現」「主体的に学習に取り組む態度」の3つの観点について到達目標にどの程度まで近づいたかを記載します。

　指導要録の評定欄にある評定（集団準拠評価，相対評価）は，集団の中でどのあたりの位置にいるのかに着目した評価法です。いわゆる5段階評価や偏差値（正規化したZ得点，T得点のこと；Q&A11, p.56参照）表示がそうです。観点別評価欄の記載は目標準拠評価（到達度評価）に依ります。

　このように，ひとくちに評価といっても教育過程の時期や何に照らしてかという基準などで総合的にみていきます。

　なお，個人に焦点を当てる時は個人内評価といいます。これは2通りあります。1つは，前回の時期よりも今回の方が伸びたというように，時間経過にともなう変化を評価する場合です。これを**縦断的個人内評価**といいます。もう1つは，同時期にテストなどを実施してA君全体としてみると国語は良いが体育が不振であるとかの比較に着目する評価です。これを**横断的個人内評価**といいます。

　個人内評価の指標としては，成就値（成就値＝学力偏差値－知能偏差値）を算出することがあります。数値が－10以下の時アンダーアチーバー（学業不振者），＋10以上の時，オーバーアチーバー（学業進捗者）とみなします。新成就値（回帰成就値）＝学力偏差値－知能から推定される学力偏差値，の式を使うこともあります。

（大野木）

学習の時期：	学習前	学習中	学習後
資料収集：	アンケート，挙手，観察など	観察や挙手・指名など	小テストなど
評価法の名前：	診断的評価　→	形成的評価　→	総括的評価

図4-1　授業過程の各時期における評価

3　客観式テスト

1. 客観式の意味

採点が客観的になされるテストの総称を**客観式（客観的）テスト**といいます。客観式の意味は，採点マニュアルさえあれば，いつ，どこで，誰が採点しても，採点結果が同じという意味です。

2. テスト形式のいろいろ

下記の表に代表例をまとめます。**真偽形式**では嘘か本当か（〇，×）を尋ねます。もともとは100点満点の成績を想定していて，短時間で広い範囲を網羅的に総点検する時に適しています。**多肢選択形式**は，通常4〜5程度の選択肢の中から，正答（あるいは誤答）を選ばせる形式です。客観式テストの中では最も多く使われます。**組み合わせ形式**は，作者と作品のように異なる2群間の関連性を問う時に使います。**配列形式**は英作文の語順，歴史上の出来事の年代順序を尋ねたい時などに使います。

短答形式は正確な知識を尋ねたい時で，単純再生法のことです。名前や地名，化学記号，年代などを問う時に使います。**完成形式**は，ある記述の文脈とからめて名前や地名など，あるいは日本語の文法能力などについて尋ねる時に使います。どの形式を用いるかは，どんな力を調べたいのか，試験時間は何分かなどを踏まえて選びます。

(大野木)

表4-2　おもな客観式テスト

真偽形式：次の文を読み，それが正しい内容の場合には〇印，誤っている内容の場合には×印を空欄に書きなさい。 　　　　（　）オペラント条件づけを提唱したのはパブロフである。
多肢選択形式：次のうちでりんごの生産の一番多い県はどこですか。記号で答えなさい。 　　　　①青森，②山梨，③山形，④北海道
組み合わせ形式：A群の中の語と関連のある語を，B群の中から選んで解答欄に記号で答えなさい。 　　　　A群（a. ロジャーズ，b. コールバーグ，c. マスロー，d. ピアジェ） 　　　　B群（1. 来談者中心療法，2. 欲求階層説，3. 道徳性の発達段階，4. 思考の発達段階説）
配列形式：以下の文が適切な語順になるように，かっこの中に文頭から順に1〜10の番号を入れて答えよ。ただし，文頭の大文字表示は考えなくてよい。 　　　　the（　），beautiful（　），mother（　），my（　），the（　），most（　），woman（　），is（　），in（　），world（　）
短答形式：コロンブスがアメリカ大陸を発見したとされる年は何年か。
完成形式：次の文章を読んで括弧の中の空欄に適当な語を埋めなさい。 　　　　教育は，（　）の形成をめざし，平和的な国家及び社会の形成者として，（　）と正義を愛し，個人の価値をたっとび，（　）と責任を重んじ，自主的精神に充ちた心身ともに健康な（　）の育成を期して行わなければならない。

4 論文体テスト

1. 論文体テスト

　答えを文章で書く形式のテストを**論文体テスト**といいます。**記述式テスト**，**論述式テスト**などの語もほぼ同様の意味で使われますが，用語の明確な区別はされていません。

　このテスト形式の長所は，設問内容について，学習者のまとまった知識や理解度あるいは考えを調べることができる点です。説明したりまとめたりする力もみることができます。客観式テストでは，出題者が用意した設問しか答えることができませんが，論文体テストでは出題者が予想していた解答以上の深く広い内容の解答や新たな観点なども調べることが可能です。

　短所は採点が主観的になるので集団準拠評価（相対評価）に向いていないこと，設問数が少ないわりには解答時間がかかることです。ですから，細かく順序づける選抜には適していません。

　論文体テストの採点客観性を高めるためにキーワードのリストを提示して文中に使う工夫がなされています。しかしながら，論文体テストの良さを活かすには，あまり客観性にこだわりすぎないようにすべきという考えもあります。むしろ，パフォーマンステストの評定のように，目標準拠評価（到達度評価）としてルーブリック（次ページ参照）を利用することも考えられます。

2. 論文体テストの設問のいろいろ

　ひとくちに論文体テストといっても，設問の仕方によって解答が拡散することがあります。設問の意図を明確にしておくことが重要です。「～について書きなさい」などでは，どのような内容を書いてよいのか迷うことになりますし，採点にも困ることになるからです。表によく使われる設問文の例をまとめます。

（大野木）

表4-3　論文体テスト（記述式テスト）の設問のいろいろ

設問の語尾	求める解答内容
～を詳述せよ	詳しく述べる。
～を説明せよ	細かく説明し，解釈を加える。
～を比較せよ	2つ以上の事柄について，類似点と差異点を示す。
～を定義せよ	正確な意味を述べる。
～を分析せよ	特徴を明らかにし，批判的にも述べる。
～を例証せよ	例を示しながら説明したり，主張したりする。
～を要約せよ	指定された短い字数で概略を簡潔にまとめる。

5 ポートフォリオ評価

1. ポートフォリオ評価

ポートフォリオ評価（portfolio assessment）は，「総合的な学習の時間」などで使われている評価法です。指導要録の記載が目標準拠評価に完全移行した現在では，かなり一般的になりました。ポートフォリオの原義は「紙ばさみ，官庁の書類入れ，有価証券明細書」などであり，現在は建築家や写真家などが自分の仕事や作品を記録に留めた入れ物もさします。転じて，「児童・生徒の学習の成果や作品などを集めたもの」として使われるようになりました。評価の資料が具体的だという特徴があります。

2. ルーブリック

教育目標への到達度の確認，つまり観点別評価には，**評価規準**（クライテリオン）（criterion）が必要です。たとえば国語の「話す・聞く能力」の観点を評価するのに「メモを取ることができるかどうか」を評価するには，メモを取る程度の量的あるいは質的な違いを明らかにしておかなければなりません。この作業は簡単ではありません。ポートフォリオ評価では，このチェック項目群のことを**ルーブリック**（rubric）といいます。もともと，実技系やパフォーマンス・テストでは，ルーブリックをつくることが多かったともいえます。

ルーブリックは到達度の評定のための評価基準（ノルム）（norm）として位置づけられ，先の評価規準と区別して使われます（図4-2）。ただ，現状では「基準」と「規準」の表記法は混乱状態にあります。

表4-4に小学校国語の「書く能力」のルーブリックの一部を示します。到達度の程度はルーブリックに照らして付けます。Q&A10（p.55）も参照してください。

（大野木）

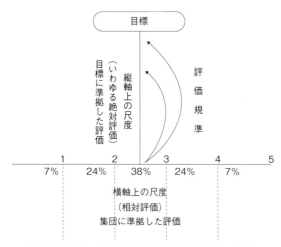

図4-2 縦軸および横軸の評価尺度の構造（渋谷，2003）

表4-4 ルーブリックの作成例（小学校6年「国語」）（高浦ほか，2006, p.49を改変）

学習活動	評価規準	評価資料	学習活動における具体的な評価規準
題名や登場人物の行動・ことばを中心に心に残ったことを書く。	書く能力	感想カード ①題名について考えたこと ②登場人物の行動やことばに感動したところ ③心に残った場面 ④疑問に思ったところ	題名や登場人物の行動・ことばについて感想を書くことができる。

評価基準（ルーブリックの①から④の4項目による場合）
4つの項目から3つ以上書いてある。→ A
4つの項目から2つ感想を書いてある。→ B
感想は書いてあるが1つであったり，あるいははずれた内容を書いたりしている。→ C

発展学習 Q&A10　学習指導要領と指導要録はどう違いますか

1. 学習指導要領

学習指導要領は，文部科学大臣が公示する教育課程編成の基準です。法的根拠は，学校教育施行規則第25条です。小学校の教育課程は，文部科学大臣が別に公示する小学校学習指導要領にあります。中学校（同54条の2），高等学校（同57条の2）等についても，それぞれの定めがあります。

学習指導要領には，教科等の学年ごとの教育目標が明示されています。その時々の社会情勢や児童・生徒の実態に即して，おおよそ10年ごとに改訂されています。現在の学習指導要領の内容は，到達目標ではなく最低基準として位置づけられています。したがって上級の内容へ進むことも許容されます。

2. 指導要録

指導要録は，児童・生徒に関する学校生活の公的記録の個票です。「**学籍に関する記録**」の部分は，卒業から20年間の保存が義務づけられています。ここには，氏名，性別，生年月日，現住所，保護者の氏名と現住所，入学卒業の年月，校長と担任の氏名などが記載されます。「**指導に関する記録**」の部分は，5年間の保存です。教科の学習の記録（観点別学習状況），評定，特別の教科道徳（文章記述），特別活動の記録（文章記述）などが記載されます。

教科の学力とは，教育によって習得された力のことであって，現在の学校教育では現行の学習指導要領に示す3つの目標（「知識及び技能」「思考力，判断力」「学びに向かう力，人間力等」）をそのまま受けて，少なくとも「知識・技能」「思考・判断・表現」「主体的に学習に取り組む態度」の3つの観点別にABCの3段階で評価します。併せて，それらは，中学校・高等学校においては総合的に5段階評定を，小学校においては3段階評定（中高学年のみ）をします。ただし，観点別学習状況になじまない部分，とくに「感性」や「思いやり」などは個人内評価の扱いとなっています（図4-3）。　　　　　（大野木）

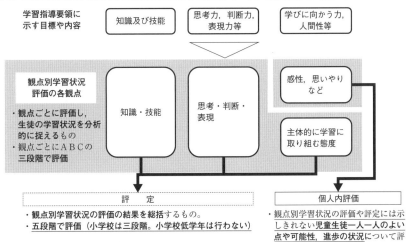

図4-3　各教科における評価の基本構造（文部科学省初等中等教育局教育課程課，2019）

発展学習 Q&A11 模試の結果の偏差値は同じでも合否判定が違うのはなぜでしょう

　みなさんも高校受験や大学受験の際には自分の偏差値に合った学校選びをしたのではないでしょうか。「**偏差値**」ということばはとても一般的に使われていますが，偏差値の本当の意味を知っている人は少ないと思います。タイトルの問題を考えるために，まずは偏差値とは何かについて整理してみましょう。

　同じ80点でも，テストの難易度や80点以上を取った人の数によってその点数がもつ"重み"が変わってきます。その問題を解消し，その集団の中での位置を知るために用いられる得点が標準得点（z得点）です。偏差値は標準得点の1つです。ここでは偏差値を理解するためにz得点，Z得点，T得点について解説します。

　まず，z得点（標準得点）は平均が0，標準偏差が1の得点です。z得点は素点と平均，**標準偏差**（得点のばらつき）によって，$z=$（取った得点－平均）／標準偏差，で算出します。z得点は，平均が0ですから，素点が平均よりも小さければマイナスになってしまいますし，分布の範囲が狭く，評価しづらい指標です。そこで，$Z = z \times 10 + 50$ と変換した**Z得点**が一般に使われています。これを偏差値とよび，日本の教育現場で使用されています。Z得点は平均が50，標準偏差が10となるので，Z得点から受検者集団における素点の相対的な位置づけを知ることができます。

　ただし，Z得点は集団の中での相対的な位置を知るための得点ですから，2つのテストで同じ偏差値でも順位まではわかりません。図4-4のように多くの人の素点が平均値に近いテストAの場合とばらつきのあるテストBの場合では偏差値は同じでも順位が同じになるとは限りません。同じ80点でもテストAの方が偏差値が高くなります。Z得点で偏差値を考える場合はテストを受けた集団の質によって偏差値が左右されてしまうので，どんな集団かということが重要になります。

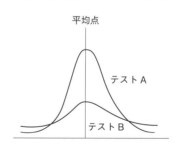

図4-4　テストAとテストBの人数のばらつき

　そこで，得点と順位を対応させるために，素点の分布を正規分布に従うように変換した得点を求めることがあります。これが**T得点**です。T得点もまた偏差値とよばれます。この方法で求めた場合，難易度や内容の異なる模擬試験の成績を相互に比較することができるため，集団の質に左右されることはありません。

　最後に偏差値と合否判定の関係ですが，合否判定はそれぞれの模擬試験を行った会社がもっている過去のデータ（偏差値60の人の合格大学のデータや○○大学に行った人の偏差値のデータなど）と照らし合わせて判定が出されています。ですからA社とB社でちがうこともあるでしょうし，偏差値はその集団，そのテストの得点での位置づけなので，将来を予測できる指標ではありません。模擬試験の合否判定をあまり過信しすぎないような指導が必要です。

(杉山)

発展学習 Q&A12　PISA調査（OECD：経済協力開発機構），TIMSS調査（国際教育到達度評価学会）で調べる学力はどのような内容か説明してください

近年では，学力についての国際的な調査が実施され，学力の国際比較がなされています。

PISA（Program for International Student Assessment）は，OECD（経済協力開発機構）が実施している国際的な学習到達度に関する調査です。義務教育修了段階（15歳：日本では高等学校１年生が対象）において，これまでに身につけてきた知識や技能，実生活の様々な場面で直面する課題にどの程度活用できるかが，読解力，数学的リテラシー，科学的リテラシーの３分野から測定されます。2000年から３年ごとに実施され，2015年調査からコンピュータ使用型調査に移行しています。

TIMSS（Trends in International Mathematics and Science Study）は，IEA（国際教育到達度評価学会）が実施している算数・数学および理科の到達度に関する国際的な調査です。初等中等教育段階における児童・生徒（日本では小学校４年生，中学校２年生が対象）の算数・数学および理科の教育到達度が測定されています。1964年から実施され，1995年からは４年ごとに実施されています。

2018年に実施されたPISAの調査結果では，日本はOECD加盟37か国の中で，「読解力」の平均得点は11位（504点），「数学的リテラシー」は１位（527点），「科学的リテラシー」は２位（529点）でした。いずれの分野においても，OECD加盟国の平均よりも得点が高くなっています。「科学的リテラシー」と「数学的リテラシー」は，調査開始以降の長期トレンドをみると，安定的に世界トップレベルを維持しています。「読解力」については，前回調査（2015年）よりも平均得点が統計的に有意に低下しています。また2015年に実施されたTIMSSの調査結果では，「算数・数学」については，日本は小学４年生が参加49か国／地域の中で５位（593点），中学２年生も参加39か国／地域の中で５位（586点）でした。「理科」については，小学４年生は参加47か国／地域の中で３位（569点），中学２年生は参加39か国／地域の中で２位（571点）でした。小学校，中学校ともに，すべての教科において上位を維持しており，前回調査（2011年）に比べて平均得点が有意に高くなっています。　　　　　　　　（山本）

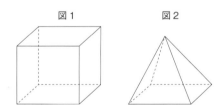

図１と図２について説明が書かれています。説明が正しいかまちがっているか，あてはまるほうに○をつけましょう。

説明	正しい	まちがい
図１と図２の両方とも正方形の面がある。	○	
図１と図２の両方とも面の数は同じである。		
図１のすべての角は直角である。		
図２のほうが図１よりも辺の数が多い。		
図２の辺のいくつかは曲がっている。		

図4-5　TIMSS2011の公表問題例（小学校４年生算数）

第5章

学級経営と学級集団

学習の主な目標
・学級集団の性質を学ぶ。
・教師として陥りがちな評価のゆがみを知る。
・内田クレペリン精神検査を知る。

1 集団の種類

1. 集団と集団凝集性

集団とは，一般的には複数の個人の集合をさしますが，心理学では相互作用があったり，お互いに影響を与え合っている集まりのことを意味しています。そして，集団を構成するメンバーのことは**成員**とよびます。成員の相互作用が進むと，その関係性が深まり，成員をその集団に留まらせるように働きかける様々な心理的な力が働くようになります。結びつきの強さと表現してもよいようなものですが，これは**集団凝集性**とよばれ，集団の魅力や，集団の目標などに影響を受けるものです。凝集性の高い集団の特徴としては，①集団への定着率が高い，②成員間の相互作用が活発，③成員の集団活動への積極的参加，④集団のために困難に耐える程度が高い，などが挙げられます。

2. 様々な集団

学校には，ほとんどの場合，学級集団があります。学級集団のような制度化され，一定の組織体系として形成されている集団を**公式集団**（フォーマル・グループ）といいます。しかし学級集団としては1つでも，その中の気の合う者同士が，いくつかの仲間集団をつくっていくことがあります。このような，メンバーの自発的な心理的関係に基づいて形成される集団を**非公式集団**（インフォーマル・グループ）とよびます。また，内集団と外集団という区別もあります。**内集団**とは，自分が所属している，あるいは同一化している集団のことです。**外集団**は所属していない，もしくは同一化していない集団です。内集団における集団凝集性が高まると，外集団に対する対抗心や敵意が強まるという傾向のあることが知られています。加えて，発達の過程で特徴的な集団が形成されることもあります。小学校中高学年頃にみられる**ギャンググループ**，中学生の頃にみられる**チャムグループ**などが代表的です。

子どもたちは，このような集団で，またその集団内部で様々な学びを経験します。そのため教師は，子どもたち一人ひとりに注意を払う必要があると同時に，集団としても観察する必要があります。表5-1 にも示されているように，集団の機能は，個人の発達に対してプラスにもマイナスにも働く可能性をもつものです。

（浦上）

表 5-1　学級集団の機能 (根本，1991)

欲求の満足ないし不満足		安全と安心の欲求，所属欲求，親和欲求，依存欲求，独立欲求，承認欲求，顕示欲求，自己価値観の欲求，自己実現欲求，社会的有用性の欲求
発達ないし発達疎外	知識・認識の発達	知識の増大，認識の深化，視点の拡大，自己理解の深化，他者理解の深化，人間関係への理解
	情緒の発達	友情，連帯感，共感，優越感，劣等感，称賛，嫉妬，憎しみ，敵意
	関心・態度の発達	自己に対する，他者に対する，規範やルールに対する，文化・社会に対する関心や態度
	社会的技能の発達	自己統制，討議や決定の技能，対人交渉の技能，対人的葛藤の解決技能，リーダーシップとフォロアーシップの技能，社会的問題の解決技能
問題の発見ないし看過		社会的技能の欠如，共感性の欠如，情緒不安定，自己抑制の欠如または過剰，過度の利己主義，極度の個人主義，極度な内向性・外向性，過度の不安，過度の潔癖，意地悪，乱暴，虚言，その他の人格的偏り
問題の矯正ないし悪化		上記の行動が矯正されるないし悪化する

2　集団の特徴を把握する心理検査

1. 集団の構造

学級集団をみていると，まとまりがあるとか，そうではないとか，またAさんとBさんはいつも一緒にいるとか，Cさんはいつも一人だなど様々な人間関係がみえてきます。このような集団内の人間関係を，**集団の構造**と表現します。この学級の構造は，その一部分は日常的に変化しますし，学期，年度といった長期的にみると全体としても変化していくものです。

2. ソシオメトリック・テスト

集団の構造を把握する方法には，モレノの開発した**ソシオメトリック・テスト**があります。これは，成員相互のある時点における「選択（受容）」と「排斥（拒否）」という情緒的な面から構造を把握するものです。たとえば，席変えの時誰と一緒になりたいですかと質問し，一緒になりたい成員（選択）と，なりたくない成員（排斥）のデータを得ます。このデータによって，クラスの中での選択が集中する人気児（スター），排斥が集中する排斥児，誰からも選ばれず，また誰をも選ぼうとしない孤立児などを把握しやすくなります。さらに，このような成員間の選択関係を線で結んで表現したものは**ソシオグラム**とよばれます（図5-1 参照）。

このようにして学級集団の構造を知ることは，指導を考えるうえで意義があることといえます。しかし，ソシオメトリック・テストはその方法に留意が必要な問題を抱えています。排斥される子どもを知ろうとして，「嫌いな子」や「一緒に遊びたくない子」を意識させ，指名させることの問題です。倫理的問題や教育的配慮との関係でしばしば問題視されます。

3. ゲス・フー・テスト

ゲス・フー・テストはハーツホーンとメイが考案した方法で，子どもが観察している仲間の社会的地位や役割認知など，人物評価を知ることができます。たとえば「学級のリーダーとしてみんなをまとめている人は誰ですか」「困っている友だちにいつも声をかけている人は誰ですか」などと質問し，該当する仲間の名前を挙げさせるという方法です。　　　　　　　　　　（浦上）

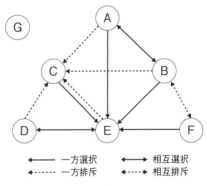

図5-1　ソシオグラム（安達，2004）

図注記　Eは選択を多く受けており，人気児の位置といえる。Cは排斥を多く受けているため排斥児，Gは，誰からも選ばれず，また誰をも選ぼうとしていない孤立児と考えられる。

3 集団の力学

1. 集団の力学

　集団およびその成員の行動を明らかにしようとする研究は，**集団力学（グループ・ダイナミックス）**とよばれます。そこでは，集団の行動は個人の行動の総和などではなく，集団であるがゆえに生まれる力動性に影響を受けると考えられています。学級も集団であるため，児童生徒一人ひとりの理解が学級の理解となるかといえばそうともいえず，学級に生じている力学を理解する必要が生じます。5章1（p.60）で取り上げた集団凝集性も集団の力動性に関連する概念の1つです。

2. 競争場面

　何らかの学級対抗戦といったイベントの際，急にクラスのまとまりがよくなるといった経験をしたことはないでしょうか。このような状況が起きる背景には集団の力学の影響があります。学級のまとまりは集団凝集性といえますが，学級対抗戦のように集団外に敵，競争相手が生まれると集団内の凝集性が高まるといわれています。また集団凝集性が高まると，集団のもつ規範の力が強化され，成員に対して規範に合致する**同調行動**が促されます。たとえば，その練習への参加は任意だけれども，その成員である限り出ないわけにはいかないという雰囲気（規範）が強くなり，全員が練習に参加するようになるといった状況が生じます。

　すなわち，学級対抗戦で勝とうという雰囲気が学級内にできると，学級はまとまり，またその練習などへの参加は「当然のこと」と認識され，逸脱を許さず，クラス全員が同じように行動するようになるのです。集団の力学の観点では，これは，成員すべてがそうしたいと思って行動しているのではなく，集団に成員をそのように行動させている力が生じているととらえます。学校においては，このような集団の力学を，望ましい態度を形成するために利用することがあります。

3. 差　別

　特定の集団や，ある属性をもつ個人に対して特別な扱いをすることを**差別**とよびますが，問題視されるのは，それが攻撃や不利益，不平等をもたらす時でしょう。この背景には，ステレオタイプや偏見の存在があると考えられます。**ステレオタイプ**とは，いわゆる紋切型のとらえ方をさします。とらえる対象に対して当てはめる，典型的で固定化されたイメージのことです。そして，このステレオタイプに基づいた，否定的な評価や感情が**偏見**であり差別につながりやすくなります。

　ステレオタイプは個人がもつものでもありますが，個人に特有なものではなく，属する集団で共有されるものでもあります。そのため，ある偏見をもった集団，ある差別を行う集団といったものも存在します。もちろん学級という集団でも，あるステレオタイプが共有されることもあります。

　また，内集団バイアスが差別につながるという指摘もあります。**内集団バイアス**とは内集団ひいきともよばれ，自分が属する内集団を外集団より高く評価したり好意的に扱ったりするというものです。このように内集団をひいきすること，換言すれば外集団を別扱いすることが差別につながるとも言えます。学級内に複数の集団ができると，様々な対人関係上の問題が発生しやすくなることは，内集団バイアスによるものとも考えられます。

（浦上）

4 教師-生徒関係

1. 教師と生徒

　教師と生徒は，ある学校，学級という集団内の役割といえます。そして学校や学級は目的をもった集団です。すなわち，教師と生徒の関係は，お互いにその目標に近づけるように有効に作用することが求められます。そのため，教師－生徒関係には「手段としての関係」が成立します。加えて，教師－生徒関係には「関係のあり方自体を教育目標」とする関係も成立します。教師は学校においては大人の代表ともいえますが，同年齢の仲間だけでなく，異なった世代，異なった役割の人とどのように関係を構築していくかを学ぶ関係でもあります。

2. 教師のリーダーシップ

　リーダーシップとは，目標達成に向けて，成員が他の成員や集団全体に影響を与える過程のことです。リーダーシップに関する理論としては，三隅のPM理論が著名です。そこではリーダーのもつ**目標達成機能**（P機能：課題解決や目標達成を強く指向する機能）と**集団維持機能**（M機能：成員間の友好的な関係を支援し，維持する機能）から，リーダーを分類します。この2つの機能から，リーダーシップのスタイルは図5-2のように4つに分類できます。これまでの研究では，最も望ましいリーダーシップがPM型（P機能もM機能も強い），望ましくないのがpm型（P機能もM機能も弱い）であり，P型とM型の順位は影響先の種類などによって順位がいれかわることが明らかになっています。これを教師のリーダーシップに当てはめて考えると，P機能は生徒の生活や学習状況をチェックし，意見や指示を与えるなどの機能といえるでしょう。またM機能は，生徒の気分をほぐしたり，生徒間の交流を促すなどの機能のことです。これまでの研究では，PM型のリーダーシップを取る教師が最も望ましい影響を与えていることが明らかになっています。

3. 教師期待効果

　教師からの期待によって学習者の成績に差異が生じることをさします。ローゼンソールらによって提唱されたもので，**ピグマリオン効果**ともよばれます。かれらの実験では，「将来，成績が伸びる子ども」などと根拠のない情報を教師に与えた場合，対象となった子どもの成績が後に平均以上になったことが報告されています。

（浦上）

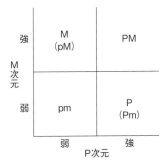

図5-2　リーダーシップPM4類型（三隅，1984）

5　児童生徒の態度の評価

1. 評価の目的

　学習態度はもちろん，仲間に対する態度，教師に対する態度，係活動に対する態度など，学級集団の中で育成したい態度には様々なものがあります。そういった態度を指導，評価する際には，まずどのような態度を望ましいものとするか，またどの程度それができていることを求めるかという基準の設定が必要になります。**評価基準**の設定と言い換えてもよいでしょう。態度に関しては，どこかに絶対的な基準があるというものではないので，教員それぞれはもちろん，学年，学校等の単位で確認し，必要に応じて調整をする必要があります。

　さらに，評価を指導に反映させるという点も忘れてはなりません。指導に反映させやすい評価には，どうしてそのような態度をとるのかという分析的な視点が不可欠になります。以下には，代表的な態度の把握方法を挙げていますが，そのような態度が生じている背景についても情報を集めておくべきです。

　また，たとえ主体的な学習態度がみられても，「自分だけがわかればよい」「自分さえ発言できればよい」といった社会性の未熟な態度は望ましくありません。学級という集団の中での望ましい態度という視点からは，仲間とともに学ぶという観点からの態度を軽視すべきではないでしょう。多様な場面に遭遇する学級集団という特徴を活用した態度の育成，評価観点が求められます。

2. 観　　察

　態度を評価するためには，まず児童生徒の状況を把握する必要があります。その方法として「よく見る」ことが広く用いられていますが，これは観察とよばれます。観察には，観察される対象のありのままを観察する**自然観察**や特定の条件下での様子を観察する**実験観察**，観察者が対象となる集団に入って行う**参加観察**や，対象には見えない場から観察を行う**非参加観察**などいくつかの種類があります。授業研究など，教室内で起きている教師と子どもたちのダイナミックな関係を把握する際には，**アクションリサーチ**などとよばれる方法も用いられます。

　このような方法で把握された児童生徒の状況は何からの形で記録されます。一定の時間中に，注目する行動がどの程度生起したかを記録する**時間見本法**は，教育現場でもよく用いられている方法でしょう。たとえば，ある授業時間中に誰が何回挙手をしたか，ある週に誰が何回忘れ物をしたかなどといった記録です。

3. 聞き取り（面接）

　教師がいくら注意をはらっても，クラス全員のそれぞれの態度，また多様な場面ごとの態度を観察することは難しいといわざるをえません。一斉授業の際はまだ目が届きやすいといえますが，たとえばグループ作業などになると，全体に注意をはらうことが非常に難しくなります。また教師が見ていない場での態度，たとえば自宅での学習態度などは観察できません。そういった際の情報収集法として役立つのが聞き取り（面接）です。グループ作業時の態度は，同じグループメンバーの目にどのように映っていたのか，また自宅学習の様子は家族の目にどのように映っているのかなど，様々なチャンスを活用して情報を集めることができます。もちろん，本人の自己評価を聞くことも重要でしょう。　　　　　　（浦上）

6 教師の評価のゆがみ

評価の難しさ

　適切な評価を行うためには，十分な情報を集めておくことや，評価基準を明確にしておくことが不可欠です。しかし，評価基準が客観的に決まっている場合（たとえば，標準化された検査を用いる場合など）は別ですが，評価はそれらの情報と評価基準を用い評価者が価値づけを行うことなので，教師にとっては，心苦しい感じをいだくこともある難しい作業といえます。ここでは教師が自らの主観的判断として評価を行う際にゆがみを生じさせる可能性をもつ諸点を取り上げます。評価は，子どもたちにとっては自分の情況を正確に把握するために，また教員にとっては自身の教育活動の適否を把握するために役立つものなので，評価におけるゆがみは極力排除すべきことです。

　(1) **ハロー効果（光背効果）**：ハロー効果とは，ある対象を評価する際に，その対象者の全体的な印象をもっていたり，特徴的な印象をもっていたりすると，ほかのすべての特性もその印象に合うように評価する傾向のことをよびます。それぞれの観点別に行っているつもりでも，評価者のもっている印象の善し悪しの評価に引きずられてしまうことがあるので注意が必要です。

　(2) **論理的エラー（論理的誤差）**：評価者が論理的に考えるあまりに，異なった評価項目であるにもかかわらず同一の評価，もしくは類似した評価をしてしまう傾向があります。たとえば，「責任感」と「積極性」は異なるものですが，評価者が「責任感があるなら積極的になるはず」といった考え方（論理）をもっていると，その2つの評価に関連性が生じてしまいます。それぞれの評価項目の意味内容を十分に理解しておくことに加え，項目間の関連に推測を挟まないことが必要になります。

　(3) **中心化傾向**：評価結果が「標準」や「普通」「平均的」といった，段階の中心的な位置に集中してしまい，ばらつきが少なくなってしまう傾向のことをさします。このような評価になるのは，評価者の中に差をつけることを避ける傾向がある場合や，評価に十分な情報をもっていない場合が考えられます。これとは逆に極端な評価に偏る場合を極端化傾向とよびます。

　(4) **対比効果**：評価は評価基準に則して行われるものですが，対比効果とはその基準が特定の誰か（たとえば評価者自身やある特定の児童生徒）といった関係のないものにすり替えられることで評価にゆがみが生じることです。複数名を続けて評価するような場合，「先の子どもに○をつけたから，この子は……」といった対比効果が生じやすくなるので注意が必要でしょう。

　(5) **寛大効果（寛容効果）**：対象者に対して，甘い評価，好意的な評価をしてしまう傾向のことです。対象者の望ましい面を強調し，そうでない面は寛大（寛容）に評価することで生じます。他者のいわゆるあら探しをすることはよくない，積極的に長所に目を向けるべき，などといった評価者の規範意識に影響を受けるといわれています。評価すること自体，よく思われないことも多い活動ですが，評価者自身がそのように思っていると，このような評価のゆがみが生じてしまうことにもなり，その結果，評価に対する信頼を失いかねません。

〈浦上〉

発展学習 Q&A13　人格の類型論について説明してください

　人には様々な個性があり，それぞれの個人にはその人独自の行動様式があり，ある程度一貫した行動傾向が認められます。こうした行動のあり方を規定するものが**人格（パーソナリティ）**です。人格を理解する考え方には，**類型論**と**特性論**があります。ある観点から典型的な少数のタイプを設定し，どれかのタイプに振り分ける方法が類型論です。特性論では，**特性**をパーソナリティを構成する基本的な単位とし，特性の量的な組み合わせからパーソナリティを記述します。ここでは類型論の様々な観点について説明します。

　ドイツの精神科医の**クレッチマー**は，体型と精神病との関連に注目し，統合失調症（かつては精神分裂病とされていた）の人には細長型の体型の人が多く，躁うつ病の人には肥満型の人が多く，てんかんの人には闘士型の体型の人が最も多くみられたことから，体型を3つに類型化しました。細長型は分裂気質，肥満型は躁うつ気質，闘士型は粘着気質（てんかん気質）に対応しています（表5-2）。

　また**シェルドン**は，成人の体格から，太っている内胚葉型（内臓緊張型），筋肉質である中胚葉型（身体緊張型），やせている外胚葉型（頭脳緊張型）の3つに類型化しています。

　ユングは，心のエネルギーをリビドーとし，リビドーが作用する方向によって人格を**内向型**と**外向型**に分類しています。内向型はリビドーが自分自身に作用しやすく，自己に関心が集中しやすい傾向があります。反対に外向型は，リビドーが自分以外に作用しやすく，外部の刺激に影響されやすい傾向があります。思考・感覚・感情・直観の4つの精神機能も設定しており，内向型と外向型の組み合わせから，8タイプを想定しています。

　シュプランガーは，日常生活において何を重視するかという文化的価値観の観点から，人格を社会型，権力型，宗教型，経済型，理論型，審美型の6タイプに分類しています。

（山本）

表5-2　クレッチマーの体型説（Kretschmer, 1955; 詫摩ら，1990をもとに作成）

	一般的特徴	性質	体型
分裂質	○非社交的 ○静か ○内気 ○きまじめ ○変わりもの	●過敏症 臆病・はにかみ・敏感・神経質・興奮しやすい ●鈍感性 従順・お人好し・温和・無関心・鈍感・愚鈍	細長型
躁うつ質	○社交的 ○善良 ○親切 ○暖かみがある	●躁状態 明朗・ユーモアがある・活発・激しやすい ●うつ状態 寡黙・平静・気が重い・柔和	肥満型
てんかん質	○1つのことに熱中しやすい ○几帳面 ○凝り性 ○秩序を好む	●粘着性 忍耐強い・頑固・軽快さがない・礼儀正しい ●爆発性 ときどき爆発的に怒りだす	闘士型

発展学習 Q&A14　Y-G性格検査，MMPI，MPI，エゴグラムとはどんなテストでしょうか

Y-G性格検査（矢田部－ギルフォード性格検査）は120問の質問に「はい」「？」「いいえ」の3件法で回答し性格を判断するテストです。一度に多人数を検査できるうえ，性格を抑うつ性（D），気分の変化性（C），劣等感（I），神経質さ（N），客観性（O），協調性（Co），攻撃性（Ag），活動性（G），のんきさ（R），思考的外向性（T），支配性（A），社会的外向性（S）の12の特性によってプロフィール化（グラフ化）するので，視覚的に把握することができるところが特徴です。プロフィールを描くことによって，その生徒一人ひとりの特性の強弱がわかりやすくなるので，指導に役立てやすいでしょう。日本ではよく用いられていて，職場や教育の場面で活用されています。

MMPI（ミネソタ多面人格目録）は550問の質問に対して「あてはまる」「あてはまらない」「どちらでもない」の3件法で回答し，性格を判断するテストです。4つの妥当性尺度（作為的な回答をしていないか），10の臨床尺度が基本的な尺度として設けられています。もともとは精神疾患の患者と健常者を分ける目的で作成されました。海外に比べて日本の使用頻度は高くありません。妥当性尺度があるので自分をよくみせようとしていないかの判断ができますが，550問の質問は検査を受ける側の負担が大きくなってしまいます。教育の場面ではあまり活用されることはなく，おもに精神医療の現場で用いられています。

MPI（モーズレイ性格検査）は，アイゼンクが開発した検査で，神経症的傾向（N尺度）および外向性（E尺度）を測るためのそれぞれ24項目の質問があります。このほかに虚偽発見尺度（L尺度）20項目が含まれています。MMPIと同じく，ゆがんだ回答をしたことがわかるようになっています。E・N・L3尺度のほかにEN項目に似た項目12を加え，80項目のテストになっています。日本の教育現場で使用されている例はあまり多くないようです。しかし，16歳以上の識字ができるものであれば，誰にでも実施することができますし，採点のために特殊な熟練を必要としていないので，教育現場で活用することも可能でしょう。

エゴグラムは交流分析という人間関係の中での行動や感情の特徴などを判断する性格検査です。エゴ（ego），つまり自我の状態を数値に置き換え，わかりやすくグラフ化したものです。50の質問項目に「はい」「いいえ」「どちらでもない」で回答するので，受検者への負担は少ない方です。この検査では，厳しい親であるCPと，優しい親であるNP，大人らしさのA，自由奔放な子どもであるFC，従順な子どもであるACの5つの心的エネルギーの強弱をみることができます。エゴグラムの中のTEG Ⅱという検査では，3つの虚偽発見尺度を含む53項目になっています。自己採点もできるので，検査結果によって生徒自身が自己理解を深めるきっかけにすることができるでしょう。

これらの心理検査すべてに共通していえることですが，性格検査は"性格の良し悪し"を判断するものではなく，どのような特徴をもっているかを知るためのものです。自己分析をさせる際にはとくに気をつけて指導していく必要があるでしょう。

（杉山）

発展学習 Q&A15 投影法による人格検査とはどのようなものですか

　投影法とは，曖昧な刺激を提示し，検査対象者にはその刺激に対して自由に反応してもらい，反応内容などから，人格を理解しようとする方法です。

　ロールシャッハテストは，ロールシャッハが考案した方法で，左右対称のインクブロット（インクのしみ）が提示され（図5-3），何に見えるのかが問われます。**TAT**（**主題統覚検査**）は，曖昧な絵が提示され（図5-4），現在，過去，未来の物語を作成してもらう方法です。マレーによって考案されました。**PFスタディ**は，ローゼンツヴァイクが考案した欲求不満場面が描かれた絵について，自分であれば何と答えるのか，会話を完成させる方法です（図5-5）。

　未完成の文章に自由に言葉を補って文章を完成してもらう方法が**SCT**（**文章完成法**）です。その代表的なものとして，「私は」で始まる20の文章を完成してもらう20答法があります。コッホの考察した一本の木を描いてもらう**バウムテスト**，家屋と樹木と人物を描いてもらう**HTPテスト**など，描画法を用いたテストもよく使用されます。

（山本）

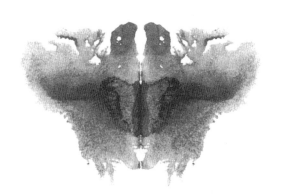

図5-3　疑似インクブロット図版（川瀬ら，2006）

図5-4　疑似主題統覚検査図（川瀬ら，2006）

図5-5　疑似PFスタディ図

発展学習 Q&A16　内田クレペリン精神検査とはどのような検査でしょうか

　ドイツの精神医学者**クレペリン**は，人間が単純な作業を継続した場合には作業量と経過時間の間には一定の法則があることに気がつきました。その理論をもとに，内田勇三郎が性格類型と曲線の関係，精神障害との関係を追求し，適性検査として開発したテストが内田クレペリン精神検査（内田クレペリン作業検査）です。具体的には，横に数字が印刷されていて，その隣りあった数を順次加え，その和の一の位の数字を次々に記入していきます。15分計算し，5分休憩，さらに15分間計算するやり方で実施されます。各行の作業量からは，処理の能力の程度を，動揺（行による作業量の違い）と誤答の数，休憩効果（休憩後作業量がアップするか）は性格・行動面を判断することができます。

　作業量からは処理能力の程度を，作業曲線（1分ごとの計算量の変化）と誤答の数からは性格・行動面を判断します。作業曲線ででこぼこするのは一般的であり，初頭努力（作業の前半の作業量が多い）と終末努力（作業の後半の作業量が多い）がある場合が多いです（図5-6）。適度な動揺があるのは一般的ですが，図5-7のような過度の動揺は非定型的特徴です。また，作業に慣れる後半は作業量が増えるとされ，図5-8のような作業曲線も非定型的な特徴とされています。

　内田クレペリン精神検査では，日常の行動観察だけでは把握しにくい生徒の潜在的・基底的な特徴がわかります。また，作業傾向と性格が1つの検査でわかり，さらに集団に実施できるところがこのテストを実施するメリットです。作業傾向は進路指導にも生かすことができますし，学習時間のどこで一番力が発揮できるか（作業曲線の形）は学習支援にも生かすことができます。また，クラス集団に実施すればクラス全体の傾向を知ることができるので，学級運営にも役立てることができるでしょう。（杉山）

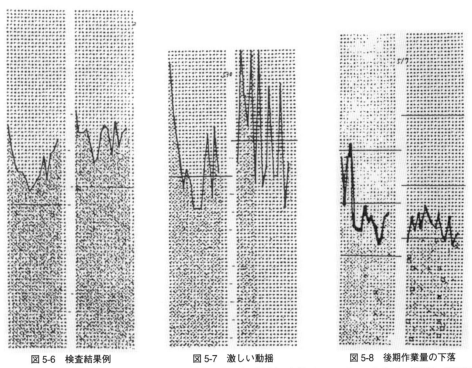

　図5-6　検査結果例　　　　図5-7　激しい動揺　　　　図5-8　後期作業量の下落

図5-6～5-8出典：生和秀敏（2001）．内田クレペリン検査　上里一郎（監修）　心理アセスメントハンドブック　第2版　西村書店

第6章

教育相談

学習の主な目標
・教育相談の一般的手続きを学ぶ。
・ケース会議の進め方を学ぶ。
・カウンセリングの技法を知る。
・校内外の連携体制について把握する。
・教師のカンセリングマインドを学ぶ。

1　教育相談の一般的手続き

　教育相談は，学校内での教師による児童・生徒への個別的支援をいいます。学校という日常性の中にありながら，「今，ここで，この先生なら」と思える個別的状況（日常性から脱却した状況）において，児童・生徒は，教師にその時・その場の感情をぶつけてきます。教師は，その都度機転を利かして，カウンセリングマインド（6章5, p.78参照）を発揮して感情を受容し，その受容した感情をそのまま鏡のように伝え返します。それによって，日常生活の不可避であるストレッサーから生じたストレスを，児童・生徒は解消することができます。この点において教育相談は，すべての児童・生徒の心の健康を維持する支援（**一次的援助サービス**）ですから，予防的カウンセリングということができます。この予防的カウンセリングは，個々の教師のその時・その場の対応に委ねられますが，たとえば不登校を続ける状態の児童・生徒への支援（**三次的援助サービス**）やこの先不登校状態に陥ることが危惧される児童・生徒への支援（**二次的援助サービス**）にあたっては，学校内の教師が一定のシステムのもと協働して支援する必要があります。

　これらの児童・生徒への校内の支援は，ケース会議を中心に以下のように進められます。

1. ケース会議

　学校での児童・生徒に対する支援は，**ケース会議**で検討された各事例に対する見立て・支援目標・手立てに基づいて進められます。不登校など明らかな問題行動の三次的援助サービスとしての支援は，必ずケース会議の決定に基づいて進められますが，この先が危惧される二次的援助サービスとしての支援も，各教員が必要と判断すれば，ケース会議で検討されるべきです。したがって，ケース会議の開催は，全教員の理解と協力が必要です。ケース会議は，教育相談主任教員が責任をもって開催と進行を担います。

　また，ケース会議は，支援の初めにおいて開催されて，**見立て・支援目標・手立て**を検討するだけではなく，支援の成果があがらないと判断されれば，中途で再検討されたり，うまく支援が奏功しての終結報告もなされるべきです。

　（1）**カルテ（個人記録票）**：ケース会議での事例検討には，必要な情報を個別に記入する**カルテ（個人記録票）**が必要です。カルテには決まった様式はありませんが，各学校で協議して使いやすい所定のカルテを作成すべきです。内容としては，主訴（主な問題行動），家族・家庭，生育歴と生活歴，相談歴，心理検査の結果，見立て・支援目標・手立てなどが記入しやすいものがいいでしょう。石隈(1999)は，石隈・田村式援助チームシートを作成して，各事例の学習面・心理社会面・進路面・健康面における心理教育的アセスメントと支援案を記入することによってのケース会議を提案しています。

　（2）**インテーク面接**：ケース会議に必要な情報を得る初回面接を**インテーク面接**といいます。中学生の場合は，保護者よりも生徒自身からインテーク面接をすることが多いようですが，小学生の場合は，児童のみならず保護者との面接によってインテーク面接がなされます。学校所定のカルテにインテークで得た情報を整理して記入し，ケース会議に提出します。インテーク面接で留意すべきことは，情報を得ることに気を取られて，カウンセリングの初回面接であることを忘れないことです。情報を得ようとするあまり，教師から質問を繰り返すと，その後のカウンセリングが歪んだ関係になりかねません。

2. 支援の遂行

(1) **コンサルテーション**：支援が必要と判断された児童・生徒のケース会議での検討によって確認された見立て・支援目標・手立てに基づいて，支援が開始されます。支援者はクラス担任であったり，教育相談主任教員であったり，スクールカウンセラーであったり様々です。支援にあたっては，スクールカウンセラーなどカウンセリングの専門家による**コンサルテーション**（6章4, p.77参照）が活用されるべきです。

(2) **個人ファイルと守秘義務**：ケース会議の決定に基づいて支援が実施されると，その都度記録が書かれます。カウンセリングや保健室・教室での様子などが記録として重ねられていきます。これらは別々に記録するのではなく，個人ファイルとして一冊にまとめてそれぞれ担当の教員が記録して，職員室の鍵のかかる棚に保管します。学校内の教員は閲覧可能ですが，校外の人には封印されます。カウンセリングの記録は，校内の先生にも秘密にすべき内容もありえますから，カウンセリング担当の教員（スクールカウンセラー含む）は，校内の個人ファイル用の記録と自分だけの記録の2種類の記録が必要になることもあります。記録の保管については，全教員が協力して守秘義務を遂行すべきです。

守秘義務を負っていることは，すべての教師が知的に理解していますが，いかなる状況においても守秘義務は果されなければなりません。「私は口がかたいから大丈夫」という思い上りは，当てにならないものです。「自分は，誰かに話したくなることがあるから当てにならないぞ」と自覚することが重要です。守秘義務には，いのち優先と本人の了解を得ての連携優先の例外が，状況によっては生じます。

(3) **教師の家庭訪問について**：児童・生徒が不登校状態を示すと，ほとんどのクラス担任は，その児童・生徒の家庭訪問をし，児童に会ってカウンセリングというより，保護者と玄関先で短時間話してこられることが多いようです。これは，何の意味もないどころか逆効果であることを知っているべきです。子どもや保護者の日常性の中に飛び込んで話をしても，自分の感情を表明し本音を吐き出してくれるとは思えません。ドアの向こうでは，家族が聞き耳を立てているかも知れません。話の最中に電話がなるかも知れません。

教師は，児童・生徒・保護者との面談は学校ですべきです。学校へ来てもらう手続きとして家庭訪問されることは，初期にあるとしても，長期の家庭訪問は意味がありません。家庭との連携といいながら，「保護者の機嫌が悪くならないように」という本音があるとしたら，教師である自分を一番可愛がっていることになります。これでは，支援になりません。登校しにくい子どもであれば，放課後登校を試みたり，帰宅が遅い保護者であれば，回数を少なくしてでも可能な時間帯に学校で面談すべきです。

(譲)

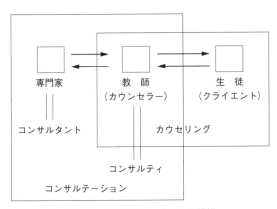

図6-1　コンサルテーションの図解

表 6-1 石隈・田村式【援助チームシート】(石隈, 1999)

実施日 ： 　年　月　日（　）　時　分〜　時　分第　回
次回予定： 　年　月　日（　）　時　分〜　時　分第　回

出席者名（　　　　　　　　　　　　　　　　　　　　　　　　　　　　　　　　　　　）

	児童生徒名 年　組　番 氏名	学習面 （学習状況） （学習意欲） （学習スキルや学習スタイル）など	心理・社会面 （情緒面） （人間関係） （ストレス対処法） など	進路面 （得意なことや趣味） （将来の夢や計画） （進路希望） など	健康面 （健康状況） （身体面での訴え） など
心理教育的アセスメント	A 児童生徒の自助資源，環境（学校，家庭，地域など）の援助資源				
	B 援助が必要なところ				
	C 今まで行った，今行っている援助とその結果				
援助案	これからの援助で何を行うか				
	だれが行うか				
	いつから いつまで行うか				

© Ishikuma & Tamura

2 ケース会議（事例検討）の進め方

　ケース会議は、学校での教育相談的支援に関するすべてを決定し、責任を担う重要な会議です。教育相談主任教員が段取りをつけますが、スクールカウンセラー・各種相談員、養護教諭、事例提供教員、学年主任、管理職などの教員によって構成され、小規模の学校では、全教員によって構成されることもあります。教員だけではなく、いろいろな視点からの検討が必要ですから、これらのスタッフの参加は必要です。家庭への支援の困難が予測される場合には、スクールソーシャルワーカーの参加を要請することも有益です。教育相談における個別的支援は、一人の教員の判断によって進められるのではなく、学校の責任を代表するケース会議での見立て・支援目標・手立てに基づいて進められます。

　ケース会議は、小規模校では必要な事態が生じた時に開催されることもありますが、原則的に毎週もしくは隔週で開催されるべきです。中学校では、部活指導などで教員が放課後集まりにくい時は、平日のある校時をケース会議として予め設定し、ケース会議に出席する教員の授業をはずしておくなどの工夫も必要です。事例検討は、不登校やいじめなどいわゆる問題行動を示す児童・生徒のみならず、今後問題行動などを示すことが危惧される児童・生徒も対象に（二次的援助サービス）されるべきです。

　各クラス担任や学年主任などの要請を受けて教育相談主任教員は、ケース会議で検討する事例を決定し、会議を召集し進行します。ケース会議に先立って、前節で記したようにインテーク面接を行い、各学校で作成されたカルテ用紙（個人記録票）に必要事項を記入し、そのコピーをケース会議に提出します。ケース会議は、表のような手順で進められます。

　ケース会議での支援の検討にあたっては、学校にすぐ復帰し適応することだけを志向するのではなく、児童・生徒の90年の人生を見渡して、今必要なことを構築すべきです。

（譲）

表6-2　ケース会議の手順

①事実の把握：
　ⅰ）現在の気になる行動や問題行動は、どのようなことか。何が起きているか。
　ⅱ）それは、いつ、どのように始まって、どのような経過を経て現在に至ったか。
　ⅲ）子どもや保護者は、現在どのような気持ちで、学校に何を求めているか。

②家族の理解：
　ⅰ）家庭の周囲の様子や生活の様子の理解。
　ⅱ）ジェノグラムによる家族構成の理解。
　ⅲ）家族関係や家族力動の理解。

③発達の理解：
　ⅰ）乳幼児期からの心身の生育歴をもとに、発達障碍の有無を検討。
　　　発達障碍が疑われるならば、どのような発達障碍かを検討。
　ⅱ）発達障碍でないとすれば、養育態度も参考に乳幼児期からの心理発達過程を検討。
　　　どの発達段階の課題の克服がなされていないかの見立てを検討。

④見立て・支援目標・手立て：
　ⅰ）事例の問題の本質が何であるかの見立てを確定する。
　ⅱ）相談歴や保護者から学校への要望も参考にして、見立てに基づいて支援目標を明確にする。
　　　他機関や専門医への通所や通院がある場合は、二股支援にならないよう注意が必要。
　ⅲ）支援目標を達成するために、誰に、誰が、どのように支援するか手立てを講じる。

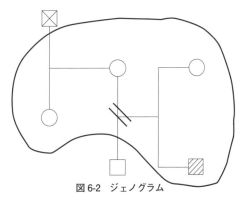

図6-2　ジェノグラム

□は男性、○は女性を表し、□○内の×は死亡を表す。
斜め2本線は、離婚を表す。
上図は、該当男児は、姉と母と母方の祖母と同居、両親は離婚し母方の祖父は死亡していることを表している。

3 カウンセリングの技法

　専門家が行うカウンセリングは，日常性から離れた（脱日常性）カウンセラーとクライエントの関係において，クライエントの**心理治療的支援**としてなされるものです。これに対して教師が学校で行うカウンセリングは，学校という同じ日常性の中で，児童生徒の心理的ストレスの表出と軽減に主眼をおいて，感情受容を目的とした**予防的カウンセリング**といえるものです。
　ここでは，教師の学校での予防的カウンセリングに主眼をおいて，その技法を説明します。
　(1) **日常性の中での日常性からの脱却**：学校生活の日常性の中で，当該児童・生徒と個別的で話しやすい状況を設定して，柔和な表情で対応します。必要に応じて職員室によんだり，本音を話しやすい状況を工夫して聴くように心がけます。また，教師は，誰に対しても守秘を貫くことを怠ってはなりません。
　(2) **傾聴ということ**：傾聴すべきということは，誰もが皆知っています。ところが，教師はいつも業務をかかえ，多忙な学校生活です。教師は，純粋で一心不乱に聴ける時間をうまくつくる必要があります。忙しい時には無理して聴こうとせず，落ち着いて聴ける時間を，後日早期に設定して聴くべきです。予防的カウンセリングで重要なことは，技法によって教師が傾聴できるのではなく，クライエントである児童・生徒・保護者に，教師が傾聴していることを伝えるにあたって技法があるということです。
　(3) **感情の受容**：予防的カウンセリングの目的は，児童・生徒・保護者の感情を道理に照らすことなく，そのまま無条件に受容し，受容したことを相手に伝え返すことです。そのためには，視線を合わせたり，うなずきや相づちをともなっての表情など，非言語的コミュニケーションを活用することが必要です。予防的カウンセリングでは，いかなる感情も受容できることを知っているべきです。
　(4) **感情の反射と明確化**：教師が感情を受容したことを児童・生徒・保護者に伝えるには，児童・生徒・保護者の発言から感情を察して，「あなたは，……のように感じているのですね」と感情をそのまま伝え返すことが必要です。これを感情の反射といいます。また，曖昧だったり，しどろもどろな表現である時には，「あなたは，自分ではとてもできないと思っているのですね」などのように，その内容と感情をわかりやすく整理し伝え返します。
　(5) **繰り返し**：クライエントである児童・生徒・保護者の表現が，いつも感情豊かになされるとはかぎりません。あるいは，感情が明確であるとはかぎりません。そんな時には，「もう少しわかりやすく説明してよ」と直接言うのではなく，相手の中心となる言葉の一語をそのまま，語尾を少し上げて繰り返します。たとえば「こんなことになるのなら，この係やめたいわ」に対して「やめたい？」という具合です。
　(6) **非指示的リード**：クライエントの児童・生徒・保護者の話を聴くうちに，たとえば家庭での様子や父親の態度などを知りたくなることがあります。そんな時に，すぐに直接「家での様子はいかがですか」とか「お父さんはどうしてるのですか」と尋ねることは望ましくありません。尋ねたいことは頭にしまっておいて，相手が家での生活のことや父親のことに触れた時に，「その家での様子について，もう少し説明して」とか「そのお父さんへの気持ちについてもう少し説明して」というようにリードします。話の内容には指示をせず，内容によってはリードをしますから非指示的リードです。繰り返しと非指示的リードは，予防的カウンセリングには不可欠の技法です。
　(7) **自己開示**：教師が理解した児童・生徒・保護者の感情を，教師のことばで表現して伝え返すことです。たとえなどを交えて表現すると伝わりやすくなります。

（譲）

4 校内外の連携とコンサルテーション

1. 校内の連携

　校内での教育相談は，教育相談主任教員を中心に全教員によってなされるものです。日常の学校において教師は，必要に応じて予防的カウンセリングを担当します。また，ケース会議で見立て・支援目標・手立てを検討して，より適切な支援を行います。この連携は，管理職と教育相談主任教員，教育相談主任教員と各教員・スクールカウンセラーなど，日頃の円満な意思疎通によってもたらされます。

2. コンサルテーション・コーディネーション

　コンサルテーションは，校内で予防的カウンセリングを行う教師を専門家であるスクールカウンセラーが支えるシステムです。これによって，カウンセリングに不慣れな教師も，スクールカウンセラーの支援を受けて，クライエント（児童・生徒・保護者）への理解を深め，確信をもってカウンセリングを行うことができます。校内のコンサルテーションでは，コンサルタントであるスクールカウンセラーが，クライエントである児童・生徒にも面談して行う場合もあります（p. 73, 図6-1）。

　コンサルタントと**コンサルティ**は上下関係ではなく，同じ援助チームの協働関係で機能すべきです。石隈（1999）は，学校と家庭を児童・生徒に対する援助チームととらえ，ベテラン教師によるクラス担任へのコンサルテーション，クラス担任による保護者へのコンサルテーションも想定し，教師は，保護者へのカウンセラーよりもコンサルタントとして関わる方が現実的であるとしています。

　コーディネーションは，校内外の教員や専門家の意見やアドバイスを参考にして，一人の教師が児童・生徒へ行う支援で，各学校には，特別支援教育コーディネーターが配置されています。

3. 校外の連携，コラボレーション

　昨今の社会情勢では，事例によっては，保護者との面談が難しい場合があります。この場合には，スクールソーシャルワーカーの協力が得られると効果的です。スクールソーシャルワーカーは，家庭へ出向いて保護者等と面談し，家族関係や生活の改善の支援をします。また，地域の児童委員や主任児童委員は，日常生活の中で家庭に寄り添う支援も可能です。また，児童相談所や地域の専門医は，それぞれの専門性をもって支援や治療を行います。このように校外のいろいろな専門家が，それぞれの専門の立場から協力して一人の児童・生徒・保護者を支援するシステムを**コラボレーション**といいます。

4. 幼稚園・小学校・中学校の連携

　中学生の生徒を支援するにあたって，幼稚園や小学校での情報が必要な場合があります。あるいは，幼稚園・小学校で支援してきた事例の個人ファイルの記録を，本人の承諾を得て小学校や中学校に開示することも有効です。本人の了解を得ての連携における情報の開示は，守秘義務に反するわけではありません。

5. 緊急支援

　不慮の事故や災害によって，外部の専門家の支援が必要な場合があります。心のケアが必要な場合は，各都道府県の臨床心理士会へ支援要請が有効です。各学校は，教育委員会と連携して，緊急事態を想定した対応マニュアルを作成して円滑な緊急支援を心がけておく必要があります。

（譲）

5　教師のカウンセリングマインド

1. 予防的カウンセリング

　すべての児童や生徒は，学校生活において何らかのストレスを感じています。学校で校則を守って集団生活を送ることは，すべてが思い通りになるわけではありませんから，それだけでもストレスです。さらに学業や部活などでの競争，級友との人間関係，家族関係などがストレッサーとなり，毎日がストレスの連続といっても過言ではありません。それでも，多くの児童・生徒は元気に生き生きと学校へ通ってきます。それは，誰かがかれらのストレスの発散を受容しているからにほかなりません。「今，ここで，この人なら」と思える状況の人に対して，子どもたちは，ストレスを発散し，それを受容されてストレスを解消できているのです。その多くは，学校や世間という日常性から脱却した家庭での家族や友人との語らいによってなされていると思われます。しかし，それはいつでも満たされるわけではありません。家庭が日常性から脱却した安らぎの場になっていない子どもも少なくありません。これらの子どもたちにこそ，教師の役割が大切です。

　すべての子どもたちが，ストレスを発散して元気と生き生きさを維持するためには，学校という日常性の中にありながら，「**今，ここで，この先生なら**」と思える個別状況において，子どもたちが教師にその都度ストレスを発散し，教師がそれらの**感情を無条件に受容**してくれることが不可欠です。教師は，教室での授業など集団状況においては，校則など日常性のルールを遵守して指導すべきですが，個別状況においては，子どもたちが「今，ここで，この先生なら，話せばわかってくれる」と感じる態度や心がまえで，子どもの感情やストレスの発散を促し，子どもの元気と生き生きさを維持できるように心がけるべきです。このように，日常生活の中で，身近な教師・家族によってなされる感情受容を主としたカウンセリングを**予防的カウンセリング**といいます。この予防的カウンセリングを支える教師や家族の心がまえや態度を**カウンセリングマインド**といいならわしています。不登校など不適応状態を示す児童や生徒に対しては，このカウンセリングマインドは，一層明確に発揮されなければなりません。

2. カウンセリングマインド

　教師が学校で発揮するカウンセリングマインドは，カウンセリングの専門家であるスクールカウンセラーが相談室で発揮するカウンセリングマインドと同じではありません。スクールカウンセラーは，児童・生徒と日常性をともにすることはなく，治療的カウンセリングを志向し，教師は，児童・生徒と日常性をともにして，必要に応じて個別的に感情受容と主とした予防的カウンセリングを志向します。

　（1）**守秘義務**：個別的状況で聴いたことに，守秘義務がともなうことはいうまでもありません。「自分は口が堅いから大丈夫」という思い上がりは，教師の私生活で守秘義務を乱しかねません。いつも「自分は，守秘義務を破りかねないから危ないぞ」と自覚すべきです。また，いのち優先の判断や連携の必要性を本人が承諾した場合は，守秘義務より優先されます。

　（2）**自己一致**：ロジャーズ（1957）が，『治療によるパーソナリティ変化が生じる必要十分条件』の中で，いわゆる**カウンセリングの6条件**を示しています。そのうち3〜5の条件は，カウンセラーの3条件といわれます。これは，治療的カウンセリングを想定して示されていますが，予防的カウンセリングに応用することは可能です。**自己一致**は，カウンセラーの3条件の最初に示されています。教師の自己概念と経験が一致して安定しているということは，児童・生徒の話を聴く時は，本気で集中して傾

聴できているということです。学校での教師は，一瞬たりとも暇な時はありません。その中で，可能な時間をつくって自分の仕事に心奪われることなく傾聴し，視線・うなずき・相づちなど非言語的手段を用いて傾聴していることを相手に伝えます。授業で話上手な教師も，予防的カウンセリングでは聴き上手であるべきです。

(3) **感情の無条件受容**：ロジャーズのカウンセラーの3条件の2番目が，**無条件的肯定的関心**（感情を無条件に受容するということ）で，予防的カウンセリングの一番重要なことです。感情は，いかなるものも受容できます。道理に照らすと，感情も善悪で評価ができますが，これでは日常性からの脱却になりません。いかなる感情も受容して，たとえば「あんな奴，頭にきたから叩いてやりたいわ」と，子どもが表明したら，「叩いたらだめだめ」とか「どうしてそんなに頭にきたの？」ではなく，真っ先に「叩いてやりたいほど腹がたったんだなあ。よくわかるよ」と応答するのです。教師は，往々にして道理に照らして善悪で判断し，子どもたちを指導しがちです。これは，予防的カウンセリングでは絶対さけるべきことです。

(4) **鏡の役割**：予防的カウンセリングでは，感情を受容することが最も重要なことです。感情をどれだけ受容しても，そのことが相手に伝わらなければ意味がありません。感情を受容したことを相手に伝え返すことは，鏡にたとえられます。事実をそのまま映し返す鏡のように，自分の意見や指導は何もまじえず，相手の感情をそのまま伝え返すのです。ロジャーズは，自分の意見を交えずクライエントの感情を受容してそのまま伝え返すカウンセラーの態度を，**インパーソナリティ**（impersonality）と表現しています。このカウンセラーの態度は，同じボールでやり取りするキャッチボールにもたとえられます。

(5) **自己治癒力を信じる心**：感情を受容して，鏡のように伝え返すことで予防的カウンセリングは十分に機能を果たします。人間は，自分の感情を相手に受容されると，自分の心に眼が向くようになります。自分の心に気づいて，自分の身勝手さや思い込みに気づけるようになります。自分の身勝手や思い込みに気づくということは，他者の気持ちや状況に気がつけるということです。クライエントのこの一連の心の動きを自己治癒力と理解しているのです。カウンセリングは，イソップ物語の『北風と太陽』にたとえられることもあります。

(6) **共感的理解**：ロジャーズのカウンセラーの3条件の3番目が，**共感的理解**です。人間の本能は，相手の苦悩に触れた時には，多くの場合，「自分でなくてよかった」と感じさせます。これが同情の心の本音です。人間の本能である同情では，カウンセリングになりません。共感的理解は，「あたかもあなたの気持ちのように」と説明されますが，具体的には，目の前のその人の気持ちと同じと思える自分の過去の感情を再体験して聴くことです。「自分でなくてよかった」ではなく，自分の過去を再体験して親身になって聴くことを共感的理解といいます。同情で聴き，自分の幸せ探しの道具にしてしまう自分の本能を自覚することによって，共感的理解は芽生えてきます。

(譲)

表6-3　カウンセリングの6条件（畠瀬, 1990）

「治療によるパーソナリティ変化が生じる必要十分条件」（Rogers, 1957）
①2人の人が心理的な接触をもっていること。
②第1の人—クライエント—は，不一致の状態にあり，傷つきやすいか不安の状態にあること。
③第2の人—治療者・カウンセラー—は，この関係の中では一致しており，統合されていること。
④治療者・カウンセラーは，クライエントに対して無条件的肯定的関心を経験していること。
⑤治療者・カウンセラーは，クライエントの内部照合枠に共感的な理解を経験しており，この経験をクライエントに伝達するよう努めていること。
⑥治療者・カウンセラーの無条件的肯定的関心と共感的理解をクライエントに伝達するということが，最低限度は達成されること。

第7章

生徒指導と進路指導

学習の主な目標
・生徒指導の目的と原理を把握する。
・問題行動にはどのような行為があるかを知る。
・不登校の概略を把握する。
・いじめの概略を把握する。
・進路指導の目的を把握する。
・スーパー，ホランドらの進路発達の理論を学ぶ。

1　生徒指導の目的と原理

　不登校やいじめといった学校環境の中で生じている問題への対応・対策のために，学校や教師による児童生徒への指導の必要性や適切性が指摘されています。児童や生徒への指導に対する社会的要請は，児童・生徒の教育，健全な育成に関わる学校や教師の力量に向けられているものといえるでしょう。

　生徒指導（生活指導など科目名は様々）は，小学校・中学校・高等学校の教員免許状取得のための教職課程では，教育職員免許法施行規則による「教育相談（カウンセリングに関する基礎的な知識を含む）」に関する科目とともに必修科目になっています。これらの内容は教育を通して児童生徒の精神的健康や健全性に関わる**教師力量**をつけるものとなっています。

　学校現場では，生徒指導の内容は校則違反のチェック，校内暴力，万引きといった非行など反社会的行動への対応が中心になっている現状があります。それらは生徒指導の一部であって，生徒指導は，一人ひとりの児童生徒の人格を尊重し，個性の伸長を図りながら，社会的資質や行動力を高めることをめざして行われる教育活動です。一人ひとりの児童生徒の健全な成長を促し，児童生徒自ら現在および将来における**自己実現**を図っていくための**自己指導能力**の育成をめざしています。

　自己選択や自己決定の場や機会を与え，その過程において，適切な指導援助を行います。自己指導能力を育むには，学校生活のあらゆる場や機会（教科教育（通常の教科授業），特別活動（生徒活動（学級会活動，生徒会活動，クラブ活動）や学校行事（儀式的行事，学芸的行事，体育的行事，旅行的行事など））を通すとともに，児童生徒の発達状況を踏まえた個別の指導援助も大切です。

　教育や生徒指導にあたっては，適切な児童生徒の理解が基礎となります。発達段階に応じ，さらに客観的総合的な認識と共感的理解のためには信頼関係の形成が不可欠です。諸資料（生徒指導要録，各種検査，作文・作品，アンケート結果など），面接（面談），観察，他者（保護者や教師，友人など）からの情報などによって，児童生徒の家庭状況，生育歴，友人関係，発達的身体的健康状態，学校生活状況，性格や諸能力，将来や進路希望，悩みなどについての理解をするようにします。その際には，教師自身のものの見方やひとの見方に対する自己洞察を深め，先入観や偏見を排することが大事です。

　学級や学校において，児童生徒が自他の個性を尊重し，協力し合い，より良い人間関係を主体的に形成するように，個と集団との状態に応じた環境整備と指導援助も大切です。学級の雰囲気やまとまりに関わる集団凝集性を高めることには，生徒指導上の効果があります。まとまりの良い学級では，児童生徒間の交流（相互作用）が活発となり，共通の規範意識が形成されます。お互いの個性を尊重し，協力し合い，よりよい人間関係を築いていくことが期待できるでしょう。

　さらに，学校全体として，生徒指導の視点についての共通理解と取り組みが重要です。学校経営の中で生徒指導の視点が位置づけられ，学年や学級経営や個々の教師の指導が具体的に実践されます。また，生徒指導は学校内にとどまるだけではありません。児童生徒の生活環境の条件整備のためには，家庭や地域社会および関係機関等との連携や協力も必要です。

（宮沢）

2 問題行動

　社会生活上，他者に危害や被害が及ぶ行為などの社会的秩序を乱す行動は，**反社会的行動**といわれます。その代表例は**犯罪行為**（刑法）です。未成年者（20歳未満を少年とよぶ）の場合は**非行**として少年法で扱われます。児童福祉法と少年警察活動規則の**不良行為**は，少年法の**虞犯行為**に近い行為を主にさしています。すなわち問題行動は未成年者の場合，犯罪行為，**触法行為**およびのちに犯罪行為や触法行為につながる可能性が高い虞犯(ぐはん)行為などを主に意味しています。また，性に関わる問題行動には，**性非行**が挙げられます。児童福祉法（淫行行為）や青少年保護育成条例（みだらな行為），児童買春・児童ポルノ禁止法などは児童（18歳未満）や未成年者の健全育成と保護を主旨とし，関わる成人などを罰する法律です。これらに関わる児童や未成年者の行動のなかや，JKビジネス（女子高校生を商品化した風俗的ビジネス）に乗る行動には問題があるといえます。

　学校を中心にした場では，暴力行為（生徒間暴力：何らかの人間関係がある児童生徒同士の暴力行為，対教師暴力，対人暴力：生徒間暴力と対教師暴力を除く，器物損壊：学校の施設・設備などを壊すこと），いじめ，不登校が生徒指導上の問題行動（文部科学省）に挙げられています。教育的価値観や社会文化的規範のもとに，校則や社会的ルールから逸脱している行動を問題行動としています。社会的な規範意識や道徳意識の欠如や未成熟な社会意識がおもな原因と考えられます。

　精神的健康や健全性といった観点や発達的観点からみると，**非社会的行動**を問題行動とみることができます。これには不登校や自殺，不適応行動などを挙げることができます。

　問題行動そのものを問題とするだけでなく，不適応状態にある何かのサインをあらわしているというような，その背景の心理的意味に注意を向ける必要があります。

（宮沢）

表7-1　非行と不良行為

・少年法第3条
「次に掲げる少年は，これを家庭裁判所の審判に付する。
　一　罪を犯した少年（犯罪少年）
　二　十四歳に満たないで刑罰法令に触れる行為をした少年（触法少年）
　三　次に掲げる事由があつて，その性格又は環境に照して，将来，罪を犯し，又は刑罰法令に触れる行為をする虞のある少年（虞犯少年）
　　イ　保護者の正当な監督に服しない性癖のあること。
　　ロ　正当の理由がなく家庭に寄り附かないこと。
　　ハ　犯罪性のある人若しくは不道徳な人と交際し，又はいかがわしい場所に出入すること。
　　ニ　自己又は他人の徳性を害する行為をする性癖のあること。」

・児童福祉法第44条
　児童自立支援施設には「…不良行為をなし，又はなすおそれのある児童及び家庭環境その他の環境上の理由により生活指導等を要する児童…」を入所または通所させる。

・少年警察活動規則（2012）第2条6
「不良行為少年　非行少年には該当しないが，飲酒，喫煙，深夜はいかいその他自己又は他人の徳性を害する行為（以下「不良行為」という。）をしている少年をいう。」

3 不登校

　「**不登校**」児童生徒とは「何らかの心理的，情緒的，身体的あるいは社会的要因・背景により，登校しないあるいはしたくともできない状況にあるため年間 30 日以上欠席した者のうち，病気や経済的な理由による者を除いたもの」（文部科学省，2003）をさします。初期には，学校へ行ったり休んだりすることを繰り返し，その後連続的に休むことになる場合が多いようです。

　各学校の「不登校」児童・生徒数は，教育委員会を通して文部科学省に報告され，毎年公表されています（政府統計の総合窓口の e-Stat から統計データを参照）。年度によって変動がありますが，1998（平成 10）年以降，小学生が 0.31～0.47%（おおよそ 2～300 人前後に 1 人），中学生に多く，2.32～3.01%（おおよそ 30 数人前後に 1 人）で推移しています（1 章 2，p.16 参照）。また，「保健室や特別活動室，校長室になら行ける」という**別室登校**は潜在的な不登校といえます。

　理由がはっきりしない「不登校」ですが，そのきっかけ（引き金）には「情緒的問題」（不安など情緒的不安定）や「無気力」（やる気や意欲がない），「友人関係をめぐる問題」（友だちとうまくいかない），「親子関係をめぐる問題」（叱られる）などの本人の要因，学校の要因，家庭の要因が挙げられます。

　「不登校」児童生徒は登校や学校，進路進学などの「**学校刺激**」に対して過敏に拒否反応をすることがあります。したがって，「学校刺激」に触れないようにし，保護者や教師は受容的態度によって見守ることが大切である場合もあります。一方，「教師との触れ合いの関係改善」「意欲的に取り組める場面の工夫」「保健室など居場所の確保」など学校環境の整備が効果を上げる場合もあります。また，「電話や迎えによる登校の促し」「家庭訪問によっての相談や指導」「家族関係や家庭生活の改善」などの家庭への働きかけが有効である場合もあります。

　不登校は，一般に，急性期（不登校が始まり，学校へ行かせようとする家族と本人との葛藤の時期），引きこもりの時期（自宅に閉じこもり，昼夜逆転し，不登校が常態化している時期），回復期（何かの趣味に没頭したり，学校関連の物品や活動，あるいは進路や将来の方向に興味や関心を向け始める時期）を経ることが多いといわれます。「不登校」児童生徒の様態は多様であり，それぞれの児童生徒への個別的専門的な取り組みが必要です。

　「不登校」による欠席の扱いについては，1992（平成 4）年に義務教育諸学校の児童生徒が「学校外の公的機関や民間施設において相談・指導を受けるとき，それが学校復帰を前提とし，本人の自立を助けるうえで有効・適切であると校長が判断する場合には，その努力を学校として評価し，指導要録上出席扱いとすることができる」（文部科学省，1992）となりました。さらに，2005（平成 17）年には「一定の要件を満たしたうえで，自宅において教育委員会，学校，学校外の公的機関又は民間事業者が提供する IT 等を活用した学習活動を行った場合，校長は，指導要録上出席扱いとすること及びその成果を評価に反映することができること」（文部科学省，2005）となりました。すなわち，在籍学校への登校でなくても，学校外でカウンセリングなどを受けることや自宅での IT 利用の学習活動（保護者と学校が連携・協力しながら計画的プログラムに従っていることなど）であれば，校長の判断で「出席扱い」とすることができるようになっています。

（宮沢）

4　いじめ

　小学校・中学校・高等学校における「いじめ」の発生件数（認知件数）は，各学校が教育委員会を通して，文部科学省に報告し，毎年公表されています（政府統計の総合窓口のe-Statから統計データを参照，1章2，p.16参照）。

　「いじめ」の認定（何をもって「いじめ」とするか）については，これまでにいくつかの変更がなされてきました。1986（昭和61）年では，「①自分より弱い者に対して一方的に，②身体的・心理的な攻撃を継続的に加え，③相手が深刻な苦痛を感じているもの」で，認定にあたっては「学校としてその事実（関係児童生徒，いじめの内容等）を確認しているもの」とされていました。被害者および加害者の双方からの事実確認をして，当該校が「いじめ」を認定していました。ところが，被害者の認知（受け止め方）を重視すべきであるとの観点から，1994（平成6）年には，「いじめ」の定義は変わらないが，認定にあたって「個々の行為がいじめに当たるか否かの判断を表面的・形式的に行うことなく，いじめられた児童生徒の立場に立って行うこと」と被害者を重視するようになりました。2006（平成18）年では，「当該児童生徒が，一定の人間関係のある者から，心理的，物理的な攻撃を受けたことにより，精神的な苦痛を感じているもの」と，被害者の認知を重視する大幅な見直しがなされ，「発生件数」から「認知件数」への表現変更も行われました。しかし，「いじめ」に関する学校や教育委員会の認定判断はゆるく甘いとの指摘もあり，是正が図られつつあります。

　「いじめ」行為は，直接的な「冷やかし・からかい，ことばでの脅し」「暴力を振るう」「仲間はずれ・集団による無視」「持ち物隠し」「嫌なこと恥ずかしいことをさせられる」などです。2013（平成25）年には，同年の「いじめ防止対策推進法」公布にともない，「いじめ」とは，「児童生徒に対して，当該児童生徒が在籍する学校に在籍している等当該児童生徒と一定の人的関係のある他の児童生徒が行う心理的又は物理的な影響を与える行為（インターネットを通じて行われるものも含む）であって，当該行為の対象となった児童生徒が心身の苦痛を感じているもの」とされました。インターネットとスマートフォン（携帯電話）の普及にともない「インターネット上で誹謗中傷や嫌なことをされる」など情報環境上での「いじめ」が取り上げられました。

　「いじめ」の実態把握のために，ほとんどの小・中学校でアンケート調査（平成25年では95％以上，平成28年には99％以上で実施）や個別面談（同じく80％以上から90％以上に），「個人ノート」や「生活ノート」などを通しての教師と児童生徒間のやり取り（50～77％）や家庭訪問（60％以上）が行われてきています。「いじめ」の認定後には学級担任や教職員が，当事者から状況を聞くとともに，加害者に対しては指導や保護者への報告や被害者やその保護者への謝罪指導などを行っています。一方で被害者に対しては継続的な面談ケアや家庭訪問などをしています。また，「いじめ」の防止のための日常取り組みとして，ほとんどの小・中学校では，職員会議などを通して教職員の共通理解を図り，道徳や学級活動の中で「いじめ」問題を取り上げて指導し，人間関係や仲間づくりを促進し，また相談体制の整備充実に努めています。「いじめ」の生ずる背景やその防止については，発達的，社会的（社会教育制度的，人間社会関係的），個別的観点からみていくことが必要でしょう。

（宮沢）

5　進路指導の意義

1．進路指導とキャリア教育

近年では，**進路指導**に変わってキャリア教育ということばもよく使われています。**キャリア教育**という言葉は1999年頃から公的に使われ始めたものですが，進路指導とは全く違っている教育内容を表しているものではありません。このような呼称変更の歴史は過去にもありました。進路指導がわが国に導入されたのは大正時代であり，当時アメリカで行われていたVocational Guidance をもとにしていたため職業指導とよばれました。その後1950年代後半に，職業指導から進路指導へと呼称が変わったのです。そして今日では，キャリア教育とよばれるようになってきました。キャリア教育を用いるようになった背景には，教育活動が「生きること」「働くこと」と疎遠になっているという指摘や，産業界等，社会の激しい変化に対応すべきであるといった指摘への対応という意図があります。

なおキャリアとは，「人が，生涯の中で様々な役割を果たす過程で，自らの役割の価値や自分と役割との関係を見いだしていく連なりや積み重ね」ととらえられます。人生全体をさす場合には「ライフキャリア」，職業に限定して用いる場合には「ジョブキャリア（職業キャリア）」と区別して使われる場合もあります。

2．進路指導・キャリア教育の意義

教育基本法を参照するまでもなく，教育には，個人の人格を発達させることと，望ましい社会の構成員を育成することが期待されています。進路指導・キャリア教育は，この教育にかけられる2つの期待との対応において大きな意義をもちます。すなわち，ひとりの個人としての発達と，社会の構成員としての発達を同時に促す指導として重要なのです。

ただし，以下に進路指導とキャリア教育の代表的な定義を挙げていますが，それらを比較すると，力点の置き方に多少の差があることがわかるでしょう。進路指導の定義は個人の発達という側面が強く，逆にキャリア教育は望ましい社会の構成員を育成するという側面が強調される傾向がみられます。近年，進路指導からキャリア教育へと呼称が変わってきたことを踏まえると，社会の望ましい構成員を育てることの比重が高まっているともいえるでしょう。

3．進路指導・キャリア教育の定義

進路指導もキャリア教育も，各種の定義があります。ここではそれぞれの代表的な定義を示します。日本進路指導学会（当時；現キャリア教育学会）による定義では，進路指導は「在学青少年がみずから，学校教育の各段階における自己と進路に関する探索的・体験的活動を通じて自己の生き方と職業の世界への知見を広め，進路に関する発達課題と主体的に取り組む能力，態度等を養いそれによって，自己の人生設計のもとに，進路を選択・実現し，さらに卒業後のキャリアにおいて，自己実現を図ることができるよう，教師が，学校の教育活動全体を通して，体系的，計画的，継続的に指導援助する過程である」とされています（藤本，1987）。

キャリア教育については，中央教育審議会（2011）が「一人一人の社会的・職業的自立に向け，必要な基盤となる能力や態度を育てることを通して，キャリア発達を促す教育」と定義しています。（浦上）

6 進路発達理論：スーパーの発達理論

発達理論

　進路・キャリアの過程や選択に関する理論は，これまでにいくつも提唱されてきました。その中でも古くからあり，発達的視点をもった理論を**進路発達理論（キャリア発達理論）**とよびます。進路発達理論は，進路選択・進路適応の内容や過程に特に注目しながら，教育・職業などについての一連の選択がつながりあって人生を形成する過程を明らかにしようとするものです。現在では小学校からのキャリア教育が求められていますが，これは発達的視点をもってキャリアをとらえ，適切な時期に適切な支援を行うことが期待されていることを示しています。

　このような発達理論の代表格はスーパーの理論です。彼は人生を，成長段階，探索段階，確立段階，維持段階，離脱段階の5つの段階に分け，表7-2のように説明しています。スーパーの理論の特徴は，自己概念と職業を結びつけているところにあるといってよいでしょう。表7-2の成長段階や探索段階の記述をみると，それが理解しやすいと思います。なお，この理論の原形は20世紀中頃のアメリカを背景としていると考えられるので，現在のわが国の様子と適合しない箇所もあります。各学校段階で検討する際の参考になる1つの案を表7-3に示します。

(浦上)

表7-2　職業生活の諸段階（Super & Bohn, 1970）

成長段階（誕生～14歳）
家族・隣人・学校における主要人物との同一視を通して，自己概念が発達する。この段階の初期では，欲求と空想が支配的であるが，社会参加と現実吟味の増大にともない，興味と能力が重要となる。
　空想期（4～10歳）　興味期（11～12歳）　能力期（13～14歳）

探索段階（15～24歳）
学校，余暇活動，パートタイム労働において，自己吟味，役割試行，職業上の探索が行われる。
　暫定期（15～17歳）　移行期（18～21歳）　試行期（22～24歳）

確立段階（25～44歳）
適切な職業分野が見つけられ，その分野で永続的な地歩を築くための努力がなされる。初期では若干の試行がみられ，分野を変えることもある。
　試行と安定期（25～30歳）　強化と昇進期（31～44歳）

維持段階（45～64歳）
職業の世界である地位を築いたので，この段階での関心はその地位を保持することにある。人によっては革新を続け，確立のプロセスが継続する。

離脱段階（65歳以後）
身体的，精神的な力量が下降するにつれて，職業活動は変化し，そのうち休止する。
　減速期（65～70歳）　引退期（71歳以後）

表7-3　小学校・中学校・高等学校におけるキャリア発達（文部科学省，2006より）

小学校	中学校	高等学校
〈キャリア発達段階〉		
進路の探索・選択にかかる基盤形成の時期	現実的探索と暫定的選択の時期	現実的探索・試行と社会的移行準備の時期
・自己および他者への積極的関心の形成・発展 ・身のまわりの仕事や環境への関心・意欲の向上 ・夢や希望，憧れる自己イメージの獲得 ・勤労を重んじ目標に向かって努力する態度の形成	・肯定的自己理解と自己有用感の獲得 ・興味・関心等に基づく勤労観，職業観の形成 ・進路計画の立案と暫定的選択 ・生き方や進路に関する現実的探索	・自己理解の深化と自己受容 ・選択基準としての勤労観，職業観の確立 ・将来設計の立案と社会的移行の準備 ・進路の現実吟味と試行的参加

7 進路発達理論：スーパーのライフ・キャリアの虹

ライフ・キャリアの虹

スーパーは，自らの発達理論を**役割**という視点を取り込むことでさらに発展させ，「**ライフ・キャリアの虹**」とよばれる図式を考案しています（図7-1）。スーパーの発達理論は，初期には職業的発達理論とよばれ，職業というものを中心に構成されていましたが，人は職業役割だけを担当して生活しているわけではありません。様々な役割を担いながら人生を形成しているのです。

図7-1に示されているように，スーパーは人生における代表的な役割を6つ挙げています。それらは，家庭を形成し維持していく役割である「家庭形成者」，職場の構成員としての役割である「職業人」，地域や国などを構成するメンバーとしての役割である「市民」，休息や趣味などを中心とする役割である「余暇人」，生徒や学生として学ぶ役割である「学習者」，そして「子ども」という6つです。図7-1は，ある人の一生涯にわたる変遷が示されています。

図7-1の左側から時計回りに，5つの段階が示されています。また半円形の弧には，6つのトラックがあり，それぞれが役割を表現しています。網掛けの部分は，その役割にあてる時間や力の程度を示しています。それを手がかりに図示されている人の人生を追いかけると，25歳くらいまで学生を続け，その後仕事に就いていることがわかります。家庭をもったのが30歳前で，30歳代の時に2度，仕事をしながら勉強もした時期があります。45歳くらいの頃，いったん仕事を離れ，勉強と家庭に力と時間を注いでいたようです。

職業人という役割は，現代社会における重要な役割ではありますが，それは個人の役割のうちの1つに過ぎません。一生涯を視野に入れた進路指導を行う場合には，自分を含む，人が生きていく場所・役割といったものも視野に入れ，包括的に考えていく態度を育成する必要があるでしょう。　　　　（浦上）

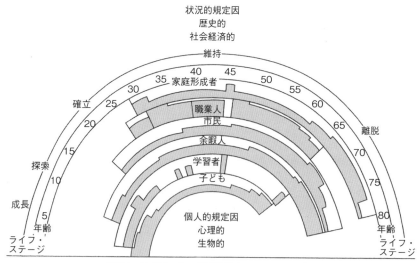

図7-1　ライフ・キャリアの虹（Super et al., 1996）

8 進路適性と指導

1. 進路適性

　進路適性は，一般的に使われている適性とは少し意味あいが違います。一般的に適性は，あることに適している素質や能力，将来に期待できる可能性としての能力といった意味で用いられますが，**進路適性**という場合は，知能や学力といったものを包含する能力的側面はもちろん，興味，性格，価値観などを含む人格的側面をも含めて検討されるものです。

　では，なぜ自分に合った進路を選択するために適性を知っておく必要があるのでしょうか。その背景には，「個人の能力や興味はまちまちであり，それと合致する職業を選択することが職業選択の成功につながる」という考え方の影響があるからです。これはアメリカで職業指導が行われ始めた1900年代初頭からある考え方で，**特性・因子論**（マッチング理論）とよばれます。

2. 適性のとらえ方と指導

　特性・因子論の考え方には，適材適所という考え方に固執しすぎているとか，人間と職業との関係を固定的，静態的にとらえすぎているといった批判もありますが，その考え方は確かに現在の指導の中にも生きています。この考え方が強く現れている理論の1つが，ホランドの理論でしょう。かれは，パーソナリティも職業環境も6つに分類することができ，人は自分のパーソナリティと一致する職業環境を求めると仮定しています（表7-4）。

　適性を把握する方法としては，内省や客観的な観察はもちろん，**適性検査**も頻繁に用いられます。ホランドは代表的な興味検査であるVPI職業興味検査を作成しています。しかし，ホランド自身も，パーソナリティを固定的なものととらえていないことには注意しておくべきでしょう。彼は，パーソナリティを環境との相互作用の中で徐々に形成されていくものと考えています。このように適性とは変化するものなのです。今の適性に合った進路を選ぶということも1つの考え方ですが，適性をさらに広げるとか伸長するという視点も指導において重要といえるでしょう。

（浦上）

表7-4　ホランドの6つのパーソナリティ／職業環境タイプ
（Holland, 1985をもとに浦上，1999が作成）

	パーソナリティ	職業環境
現実的	物，道具などを対象とした明確で秩序的な活動を好み，教育的，治療的活動を嫌う。	物体，道具，機械を，具体的，組織的に操作することが求められる。
研究的	現象の理解やコントロールを目的とした，観察や記述をともなう活動を好む。	物理的，生物学的，文化的現象を観察し，研究を行うことが求められる。
芸術的	芸術的な形態や作品の創造を目的とした，物や言語を用いた活動を好む。	自由で非組織的活動や，芸術的作品を創ることが求められる。
社会的	他者との対人接触をともなう活動を好み，道具などを用いた具体的，秩序的活動を行う。	広報，訓練，発達援助，治療，啓蒙といった他者へのはたらきかけが求められる。
企業的	目標達成や利益を目的とした，他者との交渉をともなう活動を好む。	組織が設定した目標などを達成させるように，他者を動かすことが求められる。
慣習的	データの具体的，秩序的，体系的操作をともなう活動を好み，非体系的な活動を嫌う。	計画にしたがって書類や資料を整理したり，事務機器を操作することが求められる。

発展学習 Q&A17　キャリア理論の変遷について説明してください

1. キャリア理論の変遷

　キャリア研究の源流は，一般的に19世紀末から20世紀初頭にあるといわれています。それ以来，主としてキャリア選択の過程や適応に関連する要因が検討されてきました。なぜなら，ある時点の何かが，その後の人生と関連していることを明らかにできれば，その何かを将来の予測要因とみなすことができるからです。他方で，キャリアをコントロール可能なものとみなさず，偶然に支配されるという立場を取る理論（偶発理論）もあります。人生が偶然に支配されることはある意味で当然とも考えられるのですが，その立場を取ると支援が不可能になる，意味をなくしてしまうことが問題となります。それゆえ，従来は隅に追いやられていた視点ともいえるでしょう。

　1980年代頃から，科学における客観性や予測性に関する考え方が変化してきました。たとえばジェラットは，1962年にキャリア選択における合理的な意思決定モデルを発表しましたが，1989年に発表した論文では，その後（1962年の後），自らの考え方を大きく転換したといいます。そして「クライエント自身が変化と曖昧さを処理し，不確実性や矛盾を受け入れ，また，考えたり選択する際に，無合理性や直観を利用することを援助する」というキャリアカウンセリングの方向性を打ち出しています。

2. プランド・ハプンスタンス（計画された偶発性）理論

　クランボルツらは，1999年に，個人の人生はかなりの部分が偶然に起こる予期できないものによって決定されるという前提をもつ，**プランド・ハプンスタンス理論**を発表しています。偶発理論の1つといえますが，この理論の興味深い点は，偶然に支配されることを認めたうえで，そのような出来事を積極的かつ肯定的に活用することを考えるところにあります。このように考えることで，偶発理論ながらそれを活用した支援が可能になるのです。クランボルツらは，偶然の出来事を活用するために「好奇心」「こだわり」「柔軟性」「楽観性」「リスクを取る」の5つのスキルが重要と説いています（表7-5参照）。変化の激しい現代社会を生きる人々にとって，必要なスキルといえるのではないでしょうか。

（浦上）

表7-5　偶然を必然化する行動・思考パターンの5つの特徴（高橋，2000より）

1	好奇心（Curiosity） 今，自分が持っている具体的な目標に直接，必要であるかどうかにかかわらず，多種多様なことがらに広く好奇心を持つこと。
2	こだわり（Persistence） 一度，計画を立て，実際に進めてみて，その結果，うまくいかなくても，ある1つのテーマについて長期にわたって，一定のこだわりを持つ。自分の考えや価値観に，根底の部分ではこだわりを持ち続ける。
3	柔軟性（Flexibility） 環境がどのように変わっても対応し，いまの具体的計画にとらわれず予想外のチャンスも活かすことができる。
4	楽観性（Optimism） どのような結果になろうとも，自分のキャリアにとって，それなりに役立つ部分があったとポジティブにとらえることができる。あるいは役立つようにしてしまう。
5	リスクを取る（Risk Taking） 変化が激しく，先行きの見えない時代には，自らリスクを取らなければリターンは少ない。受け身でもリスクは向こうからやってくる。

第 **8** 章

適応の改善と病理

> 学習の主な目標
> ・青年期の心理学的な特徴を理解する。
> ・児童生徒の適応・不適応状態と教師の役割について学ぶ。
> ・教師からみた心理療法の役割について知る。
> ・教師も使える予防的な心理療法を学ぶ。
> ・セラピスト(カウンセラー)の行う心理療法を知る。

1　青年期の心理的特徴の理解

　青年期は，子ども（児童期）からおとな（成人期）への移行期といわれます。児童期には身体や体力・運動能力など性差なく順調に成長しますが，児童期後期から青年期前期にかけて，女子は成長がゆるやかになるのに対し男子はまだ向上していくので性差が明瞭になります。また，生理的には性ホルモンの分泌にともなう**二次性徴**がみられるようになります。身体の変化は，他者（同性異性，おとな）との関係や自己意識に影響します。身体的・生理的変化は身体と異性への関心，男性（女性）という自己存在への問いかけをもたらし，他者と比較しての劣等感や優越感（誇らしさ），自信といった自己評価にも関わります。青年期は，おとなの身体へと変化しつつある自分の身体と向きあう時期ともいえます。

　認知的には，ピアジェのいう形式的操作期にあり，見かけにとらわれない抽象的論理的思考ができるようになります。このような思考形式を背景に，「自我の発見」がなされます。自分（主我，みる自分，I）が自分（客我，みられる自分，Me）を考える，みつめるなどという経験が日常的に生じ，自己存在の意味や価値，生き方を模索します。主体的に（自分の価値観にしたがって）自己形成しようと，古い（これまでの）自分ではない新しい自分に生まれ変わろう（つくり上げよう）とします。青年期は自己と向きあう時期，**第二の誕生**の時期といわれます。

　社会や人間関係における自己存在のあり方は，親への依存から，親に甘えつつも，しだいに仲間・友人へと心理的に傾斜していきます。人間関係は，愛着に基づく異なる世代間関係（タテの関係）から，性格や考え方，価値観などの類似性に基づく同世代間の関係（ヨコの関係）の重視へと変化していきます。親から心理的に独立していく過程は**心理的離乳**あるいは**脱衛星化**とよばれます。親や権威に対する反発は否定や拒否という形を取ることが多く，児童期後期から青年期初期の時期はとくに**第二反抗期**といわれます。

　社会文化的規範（教育制度，法律など）からみると，青年期は子どもからおとな（成人）へと位置づけがしだいに変わる時期です。社会的に庇護される存在から責任のある自立独立した存在への変化が期待されています。そのため，いろいろなことが大目にみられるというように，社会的責任や義務が一時的に猶予される**モラトリアム**の時期といわれます。その一方では，青年は社会の担い手としては，そのときどきに自身もおとな（社会）からもそれぞれが都合よく使い分けて，子ども集団とおとな集団のどちらつかずの状態（**境界人**）にあるともいえます。青年期は，社会からの期待や役割，社会の中での自己のありかたに取り組む，いわば社会と向きあう時期といえるでしょう。

　青年期は，身体的・生理的，社会的変化が著しく，また自己確認や自己確立への取り組みが課題であることから，情緒的に不安定で心理的に混乱と不安に満ちた疾風怒濤の時期とする青年期危機説に対して，それほどの混乱はみられず穏やかに青年期を過ごしているとする青年期平穏説という見方もあります。

（宮沢）

2 児童生徒の不適応状態

　児童・生徒の日常生活で，周囲の環境や状況などに適応できない状態が不適応状態です。児童・生徒が示す不適応のサインに気づき，対応することが教師に求められます。ここでは，フラストレーション，コンフリクト，PTSDの3つの不適応状態について説明します。

1. フラストレーション
　人間には「○○したい」といった**欲求**が多く存在します。その欲求はつねに満たされるとは限らず，欲求が阻止されたり，制限されたりすることがよくあります。こうした欲求が満たされない状態を**フラストレーション**といいます。フラストレーションは，欲求の充足を妨げる障害となるものがある場合や，何らかの欠乏があって，欲求が満たされない場合に生じます。
　こうしたフラストレーションに陥ったときに起こる反応を**フラストレーション反応**といいます。フラストレーション状況から逃避したり，フラストレーションを引き起こす障害へ攻撃したり，様々な反応がみられます（表8-1）。

2. コンフリクト
　日常生活の中で，「これもしたいけど，あれもしたい」と選択に迷うことがよくあります。このように，2つ以上の欲求があり，そのうちのどちらの欲求を選択するか迷っている状態を**コンフリクト**あるいは**葛藤**といいます。レヴィン（1935）は，コンフリクトを3つに分類しています。
　（1）**接近－接近のコンフリクト**：プラスの誘意性をもった接近したい2つの選択肢があり，どちらを選ぼうか迷う状態。たとえば，休日に遊園地にも行きたいし，映画にも行きたいと迷っている状態です。
　（2）**回避－回避のコンフリクト**：マイナスの誘意性をもった回避したい2つの選択肢があり，どちらからも逃れたいが，逃れられない状態。たとえば，試験勉強はしたくないが，単位を落とすのはイヤだといった状態や，太りたくないがダイエットもしたくないといった状態です。
　（3）**接近－回避のコンフリクト**：1つの対象に対して，プラスの誘意性とマイナスの誘意性の両方が並存している状態。たとえば，ケーキは食べたいが太るのは嫌だといった状態です。

3. PTSD
　PTSD（Post Traumatic Stress Disorder：心的外傷後ストレス障害）は，震災などの自然災害，火事，事故，暴力や犯罪被害など，強い恐怖感をともなう経験をした人に起きやすい症状です。養育者など身近な人に起こった出来事を目撃することで起きることもあります。怖かった経験の記憶がトラウマ（こころの傷）として残り，時間がたってからも，その経験に対して強い恐怖を感じます。怖かった経験を思い出したり，不安や緊張が続いたり，眠れないといった症状が出てきます（9章9，p.113参照）。

（山本）

表8-1　主なフラストレーション反応

攻撃的反応	障害に向かって直接攻撃したり，別の対象を攻撃したりする反応（例：暴力，言葉を使った暴力，やつあたりなど）
退行的反応	未分化，未発達の行動様式に逆戻りする反応（例：指しゃぶり，おねしょ，すねるなど）
逃避的反応	自分をその場から遠ざける反応（例：しかられた時に部屋に閉じこもる，空想にふけるなど）

3 児童生徒の適応機制

適応機制は，防衛機制といわれることもあり，不快な感情を生じさせる体験を弱めたり，それを回避したりすることで，自分自身の心の安定を保とうする様々な反応です。**アンナ・フロイト**は，こうした自我を守ろうとするための様々な行動を説明しました。**抑圧**は，アンナ・フロイトの父のジクムント・フロイトが提唱した精神分析理論の中で示された最も基本的な機制で，自分を守るために欲求を無意識の世界に留めることをいいます。たとえば，嫌な出来事が起こった時に，その出来事を思い出さないように寝て忘れようとしたりします。抑圧以外にも多くの機制があります（表8-2）。

これらの適応機制を行うことによって，精神的健康を維持していると考えられますが，機制がつねに適応的に働くとは限りません。特定の適応機制が常習的に起こってくると，不適応反応が習慣化し，問題行動となる可能性もあります。たとえば，**逃避**の適応機制が，引きこもりや不登校といった形で習慣化することがあります。学校場面で教師は，児童・生徒が示す適応機制に注意をはらい，何が問題でこれらの適応機制が起こっているのかを理解し，対応していくことが望まれます。 （山本）

表8-2 代表的な適応機制

抑　圧	強い不安や苦痛，不快感情を無意識下に留めること。 例）嫌なことを思い出さないようにする
反動形成	抑圧された感情や衝動があらわれるのを防ぐために反対の行動や態度を取ること。 例）嫌いな人には逆に非常に親切に対応する
昇　華	社会的に認められない衝動を社会的に価値のある行動に向けること。 例）殴りたい衝動をおさえて，そのエネルギーを部活動で発散する
知性化	社会的に認められない衝動や不安を知的過程に向けること。 例）友だち関係で生じた怒りの衝動をおさえて，勉強にうちこむ
補　償	望ましい特性を強調することによって弱点をかくすこと。 例）勉強があまりできない人が部活動に励む
合理化	自分の行動を正当化すること。 例）試験が思うようにできなかった時，教室の外の音がうるさかったからだと主張する
攻　撃	不快感情が生じる原因となる人やものを攻撃すること。 例）注意を受けた時に，注意をした教師を攻撃する
逃　避	不快感情が生じる原因となる場面から逃げようとすること。 例）授業中に空想にふける
退　行	未熟な行動様式に逆戻りすること。 例）弟が生まれた時に，姉のおねしょが再発する
同一視	尊敬する人物と似た行動を取ることで，相手と自分を同一であるとみなすこと。 例）憧れのアイドルの服装や行動をまねる
取り入れ	他者の威光の影に入って自己を主張すること。 例）クラスで勉強ができるグループにいることで，自分も賢いことを主張する
投　射	自分の中にある認めることができない感情や願望を他者のものとみなすこと。 例）自分が相手に敵意をもっている時に，相手が自分に敵意をもっていると思う
置き換え	ある対象に向けられた感情や衝動を他の無害な対象に向けること。やつあたり。 例）親に怒られた人が机やいすを蹴飛ばす

4 心理療法における教師の役割

　教師は児童生徒の問題行動への対処方法には経験に裏付けられた自信があるかも知れません。しかし，問題行動の原因は様々であり，対処できないこともあるでしょう。そういう時はセラピストが行っている心理療法が参考になるかも知れません。

　心理療法とは，投薬治療をせずに，対話や訓練，作品の作成などを通してその人の考え方や理解の仕方，行動を変化させ，症状や問題行動をなくす目的で行われます。ある一定の訓練を行った専門家によって行われるのが望ましいとされているので，通常は各学校に配置されているスクールカウンセラーが行うことになります。ですから教師が直接行うことはありません。

　しかし，教師が全く関係ないわけではありません。児童生徒の問題となる症状や行動は教室の中，友人との関係の中，親との関係の中でみられるものです。セラピストは特定の時間の限られた空間の中での児童生徒との関係になります。日常生活の中での児童生徒をサポートできるのは教師です。児童生徒をサポートし，適切な指導をするためには，セラピストとどのような心理療法を行っていて，どのような心の状態であるかを知っておく必要があるでしょう。

　表8-3は代表的な心理療法です。

表8-3　代表的な心理療法

名称	関連人物	方法
精神分析療法	フロイト	相手の無意識的な部分に着目しながら問題について考えていく。
認知行動療法	ベック	その人を苦しめている「偏ったものの考え方」を修正していく。
来談者中心療法	ロジャーズ	「受容」と「共感」の態度で相手の話をよく聴き，問題を解決していく。
遊戯療法	A.フロイト	遊びを通じて問題を解決していく。通常はことばで表現することが苦手な子どもに対して行う。
家族療法		問題を抱えている本人だけでなく，家族全体に対して働きかけていく。
集団心理療法		集団の中でお互いに自分の抱えている問題について話し合い，解決していく。

　たとえば，認知行動療法は考え方を修正していく心理療法です。たとえば「友だちに挨拶をしたのに返事が返ってこなかった」という場合に，自分は嫌われているのだ，とか何か怒らせてしまったからだ，と自分のせいだと考えやすい人たちがいます。そのような偏った考え方をもった人たちに，聞こえていなかったとか，他の友だちと話をしている最中だった，相手の機嫌が悪かった，など様々な原因が考えられるのだ，という見方ができるようにしていくのが認知行動療法です。したがって，何かトラブルがあった時に「○○という考え方もできるよね」と他の見方を示していくことも教師ができる認知行動療法といえるでしょう。

　また，来談者中心療法の相手の話をよく聞く態度は普段の生徒指導にも役立てることができます。教師の意見を押し付けるだけでなく，生徒の話をよく聞き，理解しようとする態度は，指導する際に大切な姿勢です。

（杉山）

5 教師も使える予防的な心理療法1：エンカウンターグループ

エンカウンターグループとは，ロジャーズが開発した集団心理療法の1つです。「エンカウンター」とは「出会い」の意味ですが，「本音と本音で交流する」といった意味でも使われます。ですから，エンカウンターグループは，メンバーがそれぞれ本音を言い合うことによって，お互いの理解を深めること，自己理解，対人関係の改善などを目指すものです。

エンカウンターグループは2つのやり方があります。

1つはロジャーズが開発したベーシック（非構成的）エンカウンターグループです。このやり方では，予め課題などは用意せずに行い，感じたことを本音で話し合っていきます。その話し合いはファシリテーター（進行役）が進めていきます。ファシリテーターはよく訓練された専門家である必要があります。本音で話し合うことが求められるので，中にはメンバーの発言に傷ついてしまうなど，つらい活動になってしまうことがあるかも知れません。

反対に課題を決めて行うやり方もあります。このやり方を國分（1981）は**構成的エンカウンターグループ**としました。構成的エンカウンターグループは，グループに対して「今から○分間△をしてください」というような課題がリーダーから与えられる「エクササイズ」と，その後グループでそれぞれが感じたことを言い合う「シェアリング」によって構成されます。

非構成的エンカウンターグループは専門家の介入が必要なので教師が行うことは難しいですが，構成的エンカウンターグループは教師でも十分に行うことができます。エクササイズの課題を工夫することで，いじめなどの人間関係の問題に予防的介入もできますし，自己の理解，メンバーの意見を聞くことで視野の広がりにつながるでしょう。

（杉山）

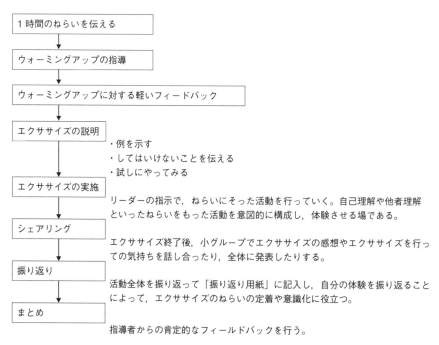

図8-1　エクササイズの流れ（福原，2000より引用）

6 教師も使える予防的な心理療法2：ロールプレイ

　モレノは集団心理療法の1つとして，**心理劇（サイコドラマ）**という技法を創始しました。心理劇には脚本はなく，その役になりきって自由に演技します。その体験を通して私たちが抱えている様々な問題の整理や，自分以外からの視点による解決の方向を探ることが目的です。また，自己の内省をする機会にもなるとされています。

　この心理劇をヒントに誕生した技法が**ロールプレイ**です。日本では外林大作と村松康平がモレノの心理劇をロールプレイとして紹介しました。それ以降，教育界や矯正機関で応用され，日本独自の発展をしながら広められています。ロールプレイでは次の5つを学べると考えられます。①自分とは異なった個性や考え方をもつ相手について理解を深める。②相手の考えや感情の動きをとらえることの難しさを理解する。③傾聴と共感の重要性を理解する。④適切な問題の重要性を理解する。⑤やりとりを通して状況が変化することを体験的に理解する。

　このようにロールプレイは人間関係や自己のあり方を学び深く洞察する方法として活用できるので，人間関係に悩みを抱えやすい児童生徒に対しての予防教育として有効な方法といえるでしょう。また，ドラッグなどに誘われた時の断り方などを体験的に学ぶことも可能です。

1. ロールプレイの手順：いじめの場面の例

①設定場面について話し合い，登場人物（いじめっ子・いじめられっ子・仲裁者）の気持ちや背景について話し合います。
②ロールプレイの目的や注意点について説明します。
③登場人物の他に客観的に記録をする「観察者」役も設け，実際にロールプレイを行います。全員がすべての役割（いじめっ子，いじめられっ子，仲裁者，観察者）を一度ずつ体験するようにします。
④いじめっ子，いじめられっ子，仲裁者それぞれが順に感想をいい，観察者が気づいたことを伝え，全体で感想や意見を交換します。予め振り返りシートを用意しておき，登場人物の心情で意識してほしい点や，観察者役として客観的に観察するポイント（表情や声の調子，良い点，疑問を感じた点や感想など）をはっきりさせておくとよいでしょう。
⑤③と④を繰り返します。
⑥最後に全体での感想をまとめます。

2. ロールプレイの注意点

　登場人物を演じる際は，自分だったら，ではなく"その役"になりきることが大切です。また，観察者役は演技の"うまい・へた"を評価するわけではありません。

　ロールプレイをより有効なものにするために，教師は事前に振り返りシートとともに，観察者用の気持ちの理解度や参加態度などの観察ポイントを示した「観察シート」も用意しておくと良いでしょう。また，ロールプレイ後の感想をまとめる時間を十分とることも重要です。ロールプレイが意味のある体験となるようにまとめることも教師の役割です。

(杉山)

7　セラピスト（カウンセラー）の行う心理療法 1

　心の専門家であるセラピスト（カウンセラー）による**治療的カウンセリング**と，教師が学校で行う**予防的カウンセリング**の一番の違いは，児童・生徒・保護者の日常性から脱却しているか，日常性をともにしているかということです。スクールカウンセラーが学校で行うカウンセリングでは，児童・生徒・保護者と全く日常的交わりのないスクールカウンセラーがカウンセラーですから，クライエントは，自分の日常生活において利害関係がありませんから，何の遠慮もなく本音を吐露することができます。そして，幼児期にさかのぼってまで自己洞察を深めていくことができます。場合によっては，保護者が自身の生い立ちを洞察することもあります。

　心の専門家の行うカウンセリングは，セラピスト（カウンセラー）の専門とする心理療法によって進められ，心の機能を回復する治療的カウンセリングです。心理療法にはいろいろな療法があります。

　(1) **精神分析療法（psycho analysis）**：S. フロイトは，ヒステリー（転換性障害）患者への治療経験を通して心的構造論を構築し，抑圧という自我機能を想定しました。彼は，過剰な抑圧によってヒステリーが生じると確信して，抑圧された感情をさぐり当てる技法として精神分析という技法を確立しました。睡眠時の夢や自由連想時の言い間違いなど，自我の機能が弱い時こそ抑圧された感情をさぐり当てやすい時と判断して，**夢分析**や**自由連想法**による精神分析療法を提唱しました。

　(2) **遊戯療法（play therapy）**：3歳頃から12歳頃の幼児・児童を対象とした心理療法です。子どもは，言語表現が十分ではありませんから，大人のカウンセリングのようにことばではなく，遊びを媒介として進められます。クラインや **A. フロイト**は精神分析の理論に基づいて，子どもの遊びの観察から，自我や無意識を分析しました。レヴィは，子どもと治療者の関係を重視して，子どもが人形などの遊びで生じるストレスを能動的な力で自ら解放する解放療法を提唱しました。**アクスライン**は，ロジャーズの来談者中心療法のカウンセリング理論をそのまま子どもとの遊びに適用して，治療者の果たすべき8原則を提唱し，児童中心の遊戯療法の理論を確立しました。

　(3) **箱庭療法（sand play）**：箱庭療法は，イギリスの小児科医ローウェンフェルドやユング派の精神分析家**カルフ**によって開発されたサンドプレイを，**河合隼雄**が箱庭療法と名づけた心理療法です。おもに児童や思春期の青年が対象とされ，内側が水色に塗られ，内寸72cm × 57cm × 7cmの箱に砂を敷き詰め，自由にその砂を掘ったり，好きなオモチャを並べたりして自分の内面を表現し，治療者は寄り添って観察を主とする療法です。言語表現に頼らないため，言語表現が苦手な成人の治療に使用されることもあります。

　(4) **心理劇（psycho drama）**：心理劇は，**モレノ**が考案し，1950年代に外林大作・村松康平によって日本に紹介された集団心理療法です。現実状況を即興的に「ここで・今」実演再現して，日常生活での葛藤や危機を適切に克服する自発性や，役割演技や役割交代によって自分の姿を客観的に経験することができます。これによって，自己洞察やカタルシスが生じて，自己理解と人間関係の改善が促進されます。心理劇は，①監督，②演者，③観客，④補助自我，⑤舞台の5要素によって構成されます。（譲）

8 セラピスト（カウンセラー）の行う心理療法2

1. 行動療法

　児童・生徒の問題となっている行動に焦点を当てて，行動修正を行っていくアプローチが**行動療法**です。児童・生徒の問題行動が社会的に望ましくないものであったとしても，それは学習の結果だと考えられます。行動療法では，学習された問題となる行動を消去し，社会的に望ましい行動を再学習することによって問題行動は治療されると考えます。行動療法には，レスポンデント条件づけを応用した**系統的脱感作法**や，オペラント条件づけを応用した**トークンエコノミー法**などがあります。

　ウォルピ（1958）は，レスポンデント条件づけ（古典的条件づけ）を応用し，不安を制止する技法として系統的脱感作法を考案しています。不安を制止できる**リラクゼーション**を習得し，予め作成した不安階層表にしたがって，不安を起こしにくい低次の行動から，強い不安を引き起こす高次の行動までを徐々に克服していくことで，不安から解放されることを目指す心理療法です。

　トークンエコノミー法は，オペラント条件づけ（道具的条件づけ）を応用した技法で，望ましくない行動を抑えることができた場合には**報酬**（トークン）を与えます。これを繰り返して望ましい行動が自発的にできるようにする心理療法です。

2. 認知療法・認知行動療法

　認知療法では，ものの考え方や信念が行動の問題を引き起こしていると考えます。従来の行動論的なアプローチと認知論的なアプローチを統合して**認知行動療法**ともよばれています。認知療法にはエリスの提唱した論理療法やベックの提唱した認知療法があります。

　論理療法は，**不合理な信念（イラショナルビリーフ）**を抱いていることが問題の本質であるとし，クライエントが抱いている不合理な信念に気づかせ，合理的な考え方に修正していく療法です。何かある出来事が起こり（A），その出来事によって起こった結果（C）が不快なものであった場合，起こった出来事（A）が問題なのではなく，その出来事に対するその人の考え方や信念（B）が不快な結果（C）を引き起こしていると考えます（図8-2）。論理療法では不合理な信念を見つけたら，その信念が不合理であることを指摘し（論ばく：D），不合理な信念を合理的な信念（E）に修正しようとします。

　ベックは，認知の歪みが問題の本質であるとして，認知の歪みを修正することによってうつ病やパニック障害などの治療を目指す方法である認知療法を提唱しました。認知療法では，ある状況で自然にわき起こってくる思考を**自動思考**とよび，どんな状況で，どんな感情が起こり，その時にどのように考えたかを記録させ，その記録の中にみられる自動思考を合理的な考え方に修正していきます。　（山本）

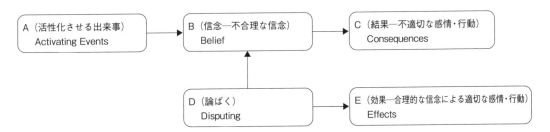

図8-2　エリスの論理療法における ABCDE 図式（西口・高村，2010）

第9章

特別支援の理解・心理

学習の主な目標
・学級集団としての子どもたちと個としての子どもたちの対応の特徴に気づく。
・発達障碍を理解し，教師としての関わり・支援を考える。
・発達障碍に関するDSM-5からの見方を知る。
・LD，AD/HD，自閉症スペクトラム障害（ASD）の特徴を学ぶ。
・視覚障碍・聴覚障碍について知り教師としての関わりを考える。

1　特別支援教育

　2014（平成26）年1月に批准した「障害者の権利に関する条約」では，インクルーシブ教育の理念が提唱されています。2012（平成24）年7月には，中央教育審議会初等中等教育分科会報告「共生社会の形成に向けたインクルーシブ教育システム構築のための特別支援教育の推進（報告）」が提出されています。

　特別支援学校に在籍している幼児児童生徒と，小中学校の特別支援学級や**通級による指導**を受けている児童生徒は年々増加しています。図9-1は，2017（平成29）年5月現在の特別支援教育の現状です。なお，通級による指導とは，通常の学級に在籍し，主として各教科などの指導を通常の学級で行いながら，障碍に基づく学習上または生活上の困難の改善や克服に必要な特別な指導を特別な場で行う教育形態のことをいいます。

　障碍のある子どもが，その能力や可能性を最大限に伸ばし，自立し社会参加するために必要な力を身につけることが求められます。そのためには，一人ひとりの障碍の状態に応じて，特別な配慮の下で適切な教育を行うことがきわめて大切なことです。

　インクルーシブ教育システム（inclusive education system；包容する教育制度）とは，人間の多様性の尊重などの強化，障碍者が精神的および身体的な能力などを可能な最大限度まで発達させ，自由な社会に効果的に参加することを目的としています。障碍のある者と障碍のない者がともに学ぶ仕組みです。障碍のある者が一般的な教育制度（general education system）から排除されないこと，自己の生活する地域において初等中等教育の機会が与えられること，個人に必要な**合理的配慮**が提供されることなどが必要とされています。合理的配慮とは，障碍者の権利に関する条約において提唱された概念で，障碍のある子どもが他の子どもと平等に「教育を受ける権利」を享有・行使することを確保するために行われる必要かつ適当な変更・調整です。障碍の状態や教育的ニーズ等に応じて個別に提供されるものです（Q&A20，p.118参照）。

（二宮）

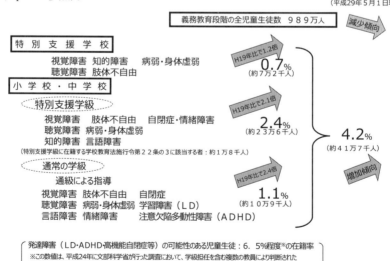

図9-1　特別支援教育の現状（文部科学省，2019）

2 教師として，発達障碍にどのように向き合うか

1. 障害から障碍へ

　障害の害の字は，人間の尊厳を傷つけるということで福祉の領域では「障がい」とひらがなで表記されることが多いようです。本書においても人間の尊厳を守るという立場から，広く用いられている診断名・法律の条文・引用文は，そのまま障害の表記を用いますが，それ以外の「しょうがい」については，障とほぼ同義の「礙」の俗字「碍」を用いて障碍と表記します。

2. 発達障碍の支援への基本姿勢

　文部科学省は，発達障碍について発達障害者支援法（2004）を引用して，「自閉症，アスペルガー症候群その他の広汎性発達障害，学習障害，注意欠陥多動性障害その他これに類する脳機能の障害であって，その症状が通常低年齢において発現するものとして政令で定めるもの」と定義しています。また，DSM-5では，神経発達障害群の中で，「発達期に発症する一群の疾患であるこの障害は，小中学校入学前に明らかとなり，個人的，社会的，学業，または職業における機能の障害を引き起こす発達の欠陥」と定義されています。原因論に関わる点では，中枢神経の生物学的な成熟と強く関連する諸機能の発達の障害といえますが，発達障碍に関して教師にとって重要なことは，学校の中で発達障碍をどのように理解して，どのように支援するかということです。

　発達障碍は，いわゆる**病気ではありません**。学校という集団生活の中では，ちょっと変わった子と思われるかも知れません。いつも集団生活からはみ出して一人になったり遅れたり，授業中落ち着いて席に着いていることができなかったりの行動が目立ちます。かと思うと，型にはまれば凄い集中力や能力を発揮することもありますから，発達の凸凹であって，治療する病気ではありません。個性豊かなちょっと変わった子という理解が正確ともいえます。認知行動パターンや発達に非定型な部分があり，周囲の人から理解される環境に恵まれれば，「個性的で特殊な能力のある人」と評価されるでしょうが，環境に恵まれなければ，「問題行動の多い発達障碍の人」ということになるかも知れません。

3. 教師が成長するチャンス

　発達障碍への理解と支援への基本姿勢は，かれらを根本的に変化させることによって適応へ導くのではなく，かれら自身の特性はそのままで，うまく社会生活を送れるようにじょうずな生き方やこつを教えることによって適応できると考えるべきです。学校生活への集団適応は，かれら自身ではなく，支援する教師の柔軟な発想と機転・ひらめきにかかっています。「従来と同じように教示を与えれば，子どもたちは理解できる」という姿勢の教師に対して，「その教え方では，僕には通じません。もっと柔軟に工夫して教えてください」と**教師の成長を催促**してくれるのが，発達障碍の子どもたちなのです。

4. 教育の原点の確認

　発達障碍の児童・生徒が変わった子に思えますが，健常な子どもたちとの違いを比較してみると，明確な相違はありません。ある特性に関して程度の差はあるかも知れませんが，誰でも少なからずもっている特性であることが多いように思えます。児童・生徒が全員同じように考え，同じように理解することを目標にした授業の方が歪んだ教育かも知れません。**個のニーズに応じた教育**こそ，教育の原点です。　　　（譲）

3 発達障碍の理解と指導

1. 障碍の受容

　発達障碍は、障碍とはいっても病気でもなければ、身体や感覚機能の明らかな不全があるわけではありません。その多くの子どもたちは、学校などの集団生活の中で「少し変わった子」「発達に凸凹がある子」「得意と苦手の差が著しい子」「集団から逸脱しやすい子」と受け止められているかも知れません。だからといって、発達障碍の子どもたちを「健常な子とは少しちがうだけだから」と、その個性や特性の理解や受容が簡単で安易なものと受け止めるべきではありません。

　芝田（2015）は、すべての障碍を受容する過程について、①グレイソン（1951）による内部のボディイメージの再構成と外部の社会への統合、②デンボラ（1956）やライト（1960）による「障碍受容は主観的な価値に対する考え方の変換過程」とする価値変換論、③コーン（1961）、フィンク（1967）、上田（1980）、ドロータ（1975）などのショック期から受容・適応期まで段階を経ていくという段階論に分けて説明しています。さらに、障碍受容への留意事項として、①障碍受容の内容や程度に個人差・多様性があること、②障碍受容されなくてもモチベーションがあれば、教育・リハビリテーションへ進むことができるということ、③個人がどのように障碍を受容するかは、家族支援や社会受容への啓発が重要ということを指摘しています。

　すべての障碍と同じように発達障碍を考えるべきではありませんが、芝田の指摘している留意事項は、発達障碍の子どもや保護者に対しても当てはまると気づいているべきです。

2. 発達障碍への理解

　発達障碍は、前節に定義を記しましたが、DSM-5では**神経発達症群（神経発達障害群）**としてまとめられ、知的能力障害群、コミュニケーション障害群、自閉症スペクトラム障害、注意欠如・多動性障害、限局性学習障害、運動障害群、他の発達障害群をさします。これらの子どもたちは、生まれながらの要因でこれらの障碍をもち、そのままでは社会適応しにくいと思われますが、教育や経験によって社会適応が可能になると考えられます。その子が適応するように、どのような支援・教育を届けるかが教師にとっての課題です。

　発達障碍の子どもたちが示す学習面や対人関係でのつまずきなどの行動は、かれらの個性や特性を周囲に理解されないことによって生じた二次的障碍と考えることも必要です。その結果、失敗体験が積み重なり、叱責や否定的評価、時には虐待などを受け、不登校や逸脱行動に陥っていることもあります。

3. 教師の対応

　発達障碍の子どもへの支援にあたっては、①発達障碍に共通の特性とその子特有の特性の理解、②授業におけるその子に有効な教授法・スキルの取得、③子どもが環境に合わせていく力を育成し、将来の展望をひらくことへの留意が必要です。

　教師や他の子どもたちが困るから対応するのではなく、みんながともに生き生き生活できることを求めて支援します。発達障碍の子どもへの個別支援は、特別なことではなく、すべての子に有効な要素が必ずまじっています。また、困った時には、同僚の教師に相談し、情報を共有して、協働してみると、肩の力が抜けて楽になれるものです。

（譲）

4　LDの理解と支援

　学習障碍は，DSM-5では，**限局性学習症**（限局性学習障害：Specific Learning Disorder）と表現され，文部科学省の定義では，全般的な知的発達に遅れはないのに，①言語能力の困難，②読字・書字の困難，③算数・計算の困難，④推論の困難を示し，中枢神経系に何らかの機能障碍があると推定される障碍をさします。

　小枝（2014）は，限局性学習障害の諸症状を表9-1のように例示して，図9-2のように診断手順を示しています。診断は医師によってなされますが，教師は限定された読字障碍・書字障碍・計算障碍の症状に気づくことが大切です。読み・書き・計算の学習障碍は，「学習障碍ではないか」という視点で点検しないと見逃してしまうことがありますから，要注意です。点検の結果，その子の全般的知的能力に比して，限定された機能に困難があり，その困難に関連する教科の習得度が劣り，学業不振傾向にあるかどうかは，教師が真っ先に気づけることです。障碍があるとすれば，できるだけ早期に気づくことが教師の重要な任務です。教師の立場から限局性学習障害が疑われる場合は，できるだけ早期に専門医の受診を勧め，診断を得て，教師がチームとなって学校での個別プログラムを作成し学校全体で支援することが重要です。　　　　　　　　　　　　（譲）

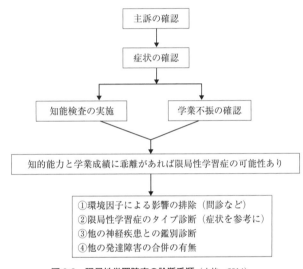

図9-2　限局性学習障害の診断手順（小枝，2014）

表9-1　限局性学習障害の諸症状（小枝，2014）

（1）読字障碍
　①文字を一つずつ拾って読む逐次読みがある
　②単語あるいは文節の途中で区切ってしまう
　③読んでいるところを確認するように指で押さえながら読む
　④文字間や行間が狭いと読みにくい
　⑤音読よりも黙読が苦手である
　⑥一度音読して内容理解できると，2回目以降は比較的スムーズになる
　⑦文末などは適当に自分で変えて読んでしまう
　⑧読み始めよりも読み終わりの方は，格段に誤りが増える

（2）書字障碍
　①促音（「がっこう」の「っ」），撥音（「ん」），二重母音など特殊音節の誤りが多い
　②「わ」と「は」，「お」と「を」など，同じ音の表記に誤りが多い
　③「ぬ」と「め」，「わ」と「ね」，「ぬ」と「ね」など，形態的に似ている文字の誤りが多い
　④画数の多い漢字に誤りが多い

（3）計算障碍
　①10の分解合成ができない
　②位取りが理解できない
　③量の単位を間違う
　④図形の認知や構成ができない

5 AD/HD（注意欠如・多動性障害）と限局性学習障害

1. AD/HD（注意欠如・多動性障害）

（1）**定義**：DSM-5 では，AD/HD は**神経発達障害**に位置づけられました。家庭と学校など 2 つ以上の状況において，12 歳以前に 6 か月以上にわたって表 9-2 に示すように，不注意と多動性・衝動性の一方もしくは両方の発達水準に，不相応な行動が 9 項目のうち 6 項目以上みられる場合を AD/HD といいます。不注意と多動性・衝動性の両方がみられる場合は AD/HD（混合型），不注意のみがみられる場合は，AD/HD（不注意優勢型），多動・衝動のみがみられる場合は AD/HD（多動・衝動優勢型）と書きます。また DSM-5 では，AD/HD と自閉症スペクトラム障害の併存を認めています。

AD/HD の基盤には，DSM-5 で指摘されている不注意と多動性・衝動性のほかに，ソヌガバーク（2003）は，AD/HD の子どもたちは，ご褒美をもらうことを待てないという「報酬系の強化障害」を提唱し，さらにソヌガバークら（2010）は，第 3 の基準として，時間的不注意や段取りの悪さを特徴とする「時間処理障害」を加えて，**Triple pathway model** を提唱しています。また，ファラオネとカーン（2006）は，発達段階での脳の形態学的異常が存在することや，これらの異常は遺伝子と密接な関連があり，双生児研究から遺伝率は 75％ と報告しています。

（2）**脳画像と AD/HD**：AD/HD の子どもは，立ち止まって考えることが苦手で衝動的な行動を示しがちです。これらは，脳画像研究から背外側前頭前野と前帯状回の形態的・機能的異常との関連が指摘され，児童期で前頭前野を中心に 2 年以上の皮質成熟遅延がみられるというルビアら（2014）の報告や，近年は小脳の認知や情動への影響も指摘され，ハートら（2014）は，小脳虫部の容積が減少すると活動性も低下すると報告しています。

（3）**神経伝達物質の異常**：コッカロら（2007）は，神経伝達物質のドパミンの活動低下によってワーキングメモリー（思考や記憶を保持して適切な行動へ導く能力）が機能せず，衝動的行動が生じると報告しています。また，ドパミンやノルアドレナリンの不均衡が症状を引き起こすとソヌガバーク（2005）は報告し，大人になってもこれらの病態は完全には改善されにくく，バークレイら（2002）は，児童期に AD/HD と診断された子どものうち 50〜70％ は，18 歳以降まで中核症状と機能障碍が継続すると報告しています。

（4）**情動障碍の覚醒モデル**：ヘーゲル（2010）らは，AD/HD の子どもは情動障碍の覚醒モデル（脳の覚醒感覚が活発タイプ）であるとして，易刺激性に対する自己調節の結果が衝動性や多動性であることを提唱しています。

2. 限局性学習障害（Specific Learning Disorder）

DSM-5 では，**限局性学習障害**と表現されていますが，学習障害の概念が変わったわけではありません。文部科学省の定義を参考にすれば，知的な遅れはなく，視覚や聴覚，運動機能に大きな困難がなく，本人が努力し教育環境も十分であるのに，ある限定的な聞く，話す，読む，書く，計算する，推論する能力の習得と使用に著しい困難を示す場合をいい，その原因として中枢神経系に何らかの機能障碍が推定されています。

（譲）

表 9-2　AD/HD の診断基準（DSM-5）

A．(1) および / または (2) によって特徴づけられる，不注意および / または多動性 - 衝動性の持続的な様式で，機能または発達の妨げとなっているもの：
(1) 不注意：以下の症状のうち 6 つ（またはそれ以上）が少なくとも 6 カ月持続したことがあり，その程度は発達の水準に不相応で，社会的および学業的 / 職業的活動に直接，悪影響を及ぼすほどである：
注：それらの症状は，単なる反抗的行動，挑戦，敵意の表れではなく，課題や指示を理解できないことでもない。青年期後期および成人（17 歳以上）では，少なくとも 5 つ以上の症状が必要である。
（a）学業，仕事，または他の活動中に，しばしば綿密に注意することができない，または不注意な間違いをする（例：細部を見過ごしたり，見逃してしまう，作業が不正確である）。
（b）課題または遊びの活動中に，しばしば注意を持続することが困難である（例：講義，会話，または長時間の読書に集中し続けることが難しい）。
（c）直接話しかけられたときに，しばしば聞いていないように見える（例：明らかに注意をそらすものがない状況でさえ，心がどこか他所にあるように見える）。
（d）しばしば指示に従えず，学業，用事，職場での義務をやり遂げることができない（例：課題を始めるがすぐに集中できなくなる，また容易に脱線する）。
（e）課題や活動を順序立てることがしばしば困難である（例：一連の課題を遂行することが難しい，資料や持ち物を整理しておくことが難しい，作業が乱雑でまとまりがない，時間の管理が苦手，締め切りを守れない）。
（f）精神的努力の持続を要する課題（例：学業や宿題，青年期後期および成人では報告書の作成，書類に漏れなく記入すること，長い文書を見直すこと）に従事することをしばしば避ける，嫌う，またはいやいや行う。
（g）課題や活動に必要なもの（例：学校教材，鉛筆，本，道具，財布，鍵，書類，眼鏡，携帯電話）をしばしばなくしてしまう。
（h）しばしば外的な刺激（青年期後期および成人では無関係な考えも含まれる）によってすぐ気が散ってしまう。
（i）しばしば日々の活動（例：用事を足すこと，お使いをすること，青年期後期および成人では，電話を折り返しかけること，お金の支払い，会合の約束を守ること）で忘れっぽい。

(2) 多動性および衝動性：以下の症状のうち 6 つ（またはそれ以上）が少なくとも 6 カ月持続したことがあり，その程度は発達の水準に不相応で，社会的および学業的 / 職業的活動に直接，悪影響を及ぼすほどである：
注：それらの症状は，単なる反抗的態度，挑戦，敵意などの表れではなく，課題や指示を理解できないことでもない。青年期後期および成人（17 歳以上）では，少なくとも 5 つ以上の症状が必要である。
（a）しばしば手足をそわそわ動かしたりトントン叩いたりする，またはいすの上でもじもじする。
（b）席についていることが求められる場面でしばしば席を離れる（例：教室，職場，その他の作業場所で，またはそこにとどまることを要求される他の場面で，自分の場所を離れる）。
（c）不適切な状況でしばしば走り回ったり高い所へ登ったりする（注：青年または成人では，落ち着かない感じのみに限られるかもしれない）。
（d）静かに遊んだり余暇活動につくことがしばしばできない。
（e）しばしば"じっとしていない"，またはまるで"エンジンで動かされているように"行動する（例：レストランや会議に長時間とどまることができないかまたは不快に感じる；他の人達には，落ち着かないとか，一緒にいることが困難と感じられるかもしれない）。
（f）しばしばしゃべりすぎる。
（g）しばしば質問が終わる前に出し抜いて答え始めてしまう（例：他の人達の言葉の続きを言ってしまう；会話で自分の番を待つことができない）。
（h）しばしば自分の順番を待つことが困難である（例：列に並んでいるとき）。
（i）しばしば他人を妨害し，邪魔する（例：会話，ゲーム，または活動に干渉する；相手に聞かずまたは許可を得ずに他人の物を使い始めるかもしれない；青年または成人では，他人のしていることに口出ししたり，横取りすることがあるかもしれない）。

B．不注意または多動性 - 衝動性の症状のうちいくつかが 12 歳になる前から存在していた。
C．不注意または多動性 - 衝動性の症状のうちいくつかが 2 つ以上の状況（例：家庭，学校，職場；友人や親戚といるとき；その他の活動中）において存在する。
D．これらの症状が，社会的，学業的，または職業的機能を損なわせているまたはその質を低下させているという明確な証拠がある。
E．その症状は，統合失調症，または他の精神病性障害の経過中にのみ起こるものではなく，他の精神疾患（例：気分障害，不安症，解離症，パーソナリティ障害，物質中毒または離脱）ではうまく説明されない。

（日本精神神経学会　日本語版用語監修　髙橋三郎・大野　裕監訳　2014　DSM-5 精神疾患の診断・統計マニュアル　医学書院　pp.58-59.）

表 9-3　限局性学習障害の診断基準（DSM-5）

A. 学習や学業的技能の使用に困難があり，その困難を対象とした介入が提供されているにもかかわらず，以下の症状の少なくとも1つが存在し，少なくとも6カ月間持続していることで明らかになる：
  (1) 不的確または速度が遅く，努力を要する読字（例：単語を間違ってまたはゆっくりとためらいがちに音読する，しばしば言葉を当てずっぽうに言う，言葉を発音することの困難さをもつ）
  (2) 読んでいるものの意味を理解することの困難さ（例：文章を正確に読む場合があるが，読んでいるもののつながり，関係，意味するもの，またはより深い意味を理解していないかもしれない）
  (3) 綴字の困難さ（例：母音や子音を付け加えたり，入れ忘れたり，置き換えたりするかもしれない）
  (4) 書字表出の困難さ（例：文章の中で複数の文法または句読点の間違いをする，段落のまとめ方が下手，思考の書字表出に明確さがない）
  (5) 数字の概念，数値，または計算を習得することの困難さ（例：数字，その大小，および関係の理解に乏しい，1桁の足し算を行うのに同級生がやるように数学的事実を思い浮かべるのではなく指を折って数える，算術計算の途中で迷ってしまい方法を変更するかもしれない）
  (6) 数学的推論の困難さ（例：定量的問題を解くために，数学的概念，数学的事実，または数学的方法を適用することが非常に困難である）

B. 欠陥のある学業的技能は，その人の暦年齢に期待されるよりも，著明にかつ定量的に低く，学業または職業遂行能力，または日常生活活動に意味のある障害を引き起こしており，個別施行の標準化された到達尺度および総合的な臨床評価で確認されている。17歳以上の人においては，確認された学習困難の経歴は標準化された評価の代わりにしてよいかもしれない。

C. 学習困難は学齢期に始まるが，欠陥のある学業的技能に対する要求が，その人の限られた能力を超えるまでは完全には明らかにはならないかもしれない（例：時間制限のある試験，厳しい締め切り期限内に長く複雑な報告書を読んだり書いたりすること，過度に重い学業的負荷）。

D. 学習困難は知的能力障害群，非矯正視力または聴力，他の精神または神経疾患，心理社会的逆境，学業的指導に用いる言語の習熟度不足，または不適切な教育的指導によってはうまく説明されない。

（日本精神神経学会　日本語版用語監修　髙橋三郎・大野　裕監訳　2014　DSM-5 精神疾患の診断・統計マニュアル　医学書院　pp.65-66.)

6 AD/HD の理解と支援

1. AD/HD の理解

　注意欠如・多動症（注意欠如・多動性障害 AD/HD）は，注意持続が困難で，忘れ物が多くミスが多いなどの不注意と，着席中手足をソワソワ・モジモジしたり，「突き動かされるように」じっとしていられない，順番待ちが苦手であるなどの多動性・衝動性の両方もしくはいずれかの状態が 12 歳頃までに，過去 6 か月，家庭と学校など 2 つ以上の状況でみられる状態をさします。DSM-5 において神経発達障害に分類され，発達障害と認められました。さらに，症状発現年齢が 7 歳以前から 12 歳以前に引き上げられ，17 歳以上では下位項目の 5 項目に該当すれば診断可能になり，重症度の分類が増やされました。

　また，AD と HD の間の / は，AD と HD が and と or の両方であることを意味しています。現実には，不注意と多動性・衝動性の両方がみられる AD/HD（**混合型**），不注意のみがみられる AD/HD（**不注意優勢型**），多動・衝動のみがみられる AD/HD（**多動・衝動優勢型**）と専門医の診断に書かれることが増えてきています。DSM-5 の AD/HD の診断基準は，前節に示していますが，DSM-5 では，AD/HD と自閉症スペクトラム障害の併存を認めています。

2. 個性を引き出す支援

　①「集団に適応しない」とか「集中できないから」と，否定的側面ばかりに目を向けそれらを改善しようとするのではなく，褒めたり認めたりできる**肯定的な側面**に目を向け，個性と認める努力をします。

　②支援にあたってのことばはできるだけ短く，内容を具体的に，一度に複数のことは言わずに 1 つずつ，指示するにあたっては視覚刺激を優先して提示します。

　③注意持続可能時間を把握して，その時間内での課題を工夫したり，多動の子どもには，体を動かす時間を定期的に設定し，遊びで発散する時間を設けます。

　④叱る時は，他者や自分に危害が及ぶ恐れがある時に限定し，短いことばではっきり叱ります。

3. 集団適応を促進する支援

　①一貫した支援は不可欠で，教師間で指導方針や手立てに関して情報を共有することが必要です。

　②オペラント条件づけの理論を応用した支援も有効です。集団適応に望ましく増やしたい行動は，一貫して褒め（正の強化），望ましくない減らしたい行動は無視し（無強化），どうしても受け入れられない行動は，一貫して禁止（負の強化）します。

　③学校での落ち着きを維持するために，薬物療法は有効です。その効能は，個人によって大きな差がありますから，専門医とよく相談して処方されるべきです。

（譲）

表 9-4　DSM における学習障碍の変遷（小枝, 2014）

DSM-Ⅱ	DSM-Ⅲ	DSM-Ⅲ-R	DSM-Ⅳ	DSM-5
Specific Learning Disturbance	Specific Developmental Disorders	Specific Developmental Disorders	Learning Disorders	Specific Learning Disorder

7　自閉症スペクトラム障害（ASD）の理解と支援

　通常学級に在籍する自閉症スペクトラム障害の子どもへの支援については，個人差がありますから，個々の児童・生徒の特徴を理解して個別にプログラムを作成して支援する必要があります。子どもの認知特性を利用した米のノースカロライナ州個別プログラム（TEACCH）を参考に，自閉症スペクトラム障害の多くの子どもたちにみられる特徴に配慮した支援の例を以下に示します。

　(1) **パニックへの対応**：パニックの表現には，いろいろな型があります。泣きわめく子，自傷する子，攻撃する子，かたまってしまう子など様々です。周囲の状況や働きかけが，自分の思惑や期待と異なったことを訴えている反応で，思考停止状態ともいえますから，パニック時には何を言っても伝わりません。クールダウンといわれるように，一人静かな部屋などで落ち着くのを待つことが必要です。大きな声や大人数でのことばかけは，逆効果です。パニックの最中に他児を近づかせて，結果としてパニックの児童を加害者にしてしまうことは絶対に避けるべきです。パニックの原因についての理解や指導は，パニックが収まってから伝えます。

　(2) **視覚刺激優先**：教室での授業や指示において，声で音声刺激として伝えるよりも，絵や文字の視覚刺激で伝える方が理解されやすいようです。対象児童や生徒が好きなキャラクターなどを視覚刺激として利用し，教材作成や校則の指導を試みることも有用です。

　(3) **指示は具体的に明確に**：「あの子は，何度指示をしても従わなかった」と，教師から聞くことがしばしばあります。従わなかったのでしょうか。従えなかったのでしょうか。日常語の「きちんとしなさい」「しっかりしなさい」「程ほどにしなさい」などのことばは，子どもには曖昧で具体的ではありません。たとえば「きちんと宿題をしなさい」「きちんと掃除をしなさい」「きちんと服を着なさい」などは不適切です。子どもには，全く理解できていないかも知れません。「きちんと宿題をしなさい」ではなく，「漢字ドリルの○ページの○番から△ページの△番までやりなさい」と具体的に明確に指示すべきです。

　(4) **1つずつ順番に**：一度に複数の指示をしたり，いろいろな考え方を教示しても混乱して理解されにくいようです。かれらの思考特徴は，mono-track（単一回路），single-focus（単一焦点）といえます。

　(5) **長所を伸ばす**：学力は，どの教科も平均的で差がない方がいいと思われ，得意科目よりも苦手科目に重点をおいて指導されがちですが，これが逆効果になることが多いようです。苦手科目には目をつむり，得意科目を積極的に指導し，褒めることによって意欲を伸ばすことが有効です。

　(6) **制限だけでなく許される時を伝える**：授業中に逸脱行動をすれば，「ダメ」と禁止しますが，この「ダメ」だけで終わるのではなく，「授業が終わったら，遊ぼうね」などと，要求が叶えられる時を伝えてあげる必要があります。

　(7) **こだわりや癖の利用**：かれらのもつ癖やこだわりによって，係活動や校内運動を率先してできることがあります。こだわりや癖は，なくそうとするよりも利用することを考えるべきです。　　　（譲）

8 視覚障碍・聴覚障碍

1. 視覚障碍

視覚障碍とは，「視覚器の健康状態の変化（病気・変調・傷害など）に伴う①眼鏡などの光学的矯正によっても回復不可能で永続的な視機能（視力・視野・色覚・光覚・眼球運動・調節・両眼視など）の傷害，②歩行やコミュニケーション，身辺処理などの活動制限，③社会生活における参加の制約のある状態の総称である。なお，これらの状態は背景因子（環境因子と個人因子）と相互作用し，その水準と程度は変化しうると考えられている」（WHO，2001）と，障碍それ自体だけではなく，それにともなう機能不全や社会的不利な状況までも含んで定義されています。

教育の場においては，両眼の矯正視力が概ね0.3未満のものや視力以外の諸機能に高度の障碍があり，黒板や教科書の文字や図形を拡大鏡などを用いても視覚的に認識することに困難がある場合を視覚障碍としています。教育活動における学習手段に基づいて，以下のように盲と弱視に分類されます。

①**盲**：点字を常用し，主として触覚や聴覚などの視覚以外の感覚を用いて学習する必要のある状態
②**弱視**：普通文字を用いた学習が可能でも，文字の拡大や拡大鏡の使用等の特別な配慮のもとに学習する必要のある状態。

令和元年度文部科学省「学校基本調査」によると，特別支援学校（幼稚部・小学部・中学部・高等部）に在籍する視覚障碍の幼児・児童・生徒は，それぞれ200人，1,490人，1,138人，2,255人です。また小・中学校の特別支援学級に在籍する弱視児童生徒は，それぞれ447人，179人です。一般の高校での教育の困難さから，高等部の視覚障碍生徒数は，増えていると思われます（図9-1, p.102参照）。

表9-5 特別支援学校の在籍者数 (2019（令和元）年5月1日現在)

区分	幼稚部	小学部	中学部	高等部
視覚障害	200人	1,490人	1,138人	2,255人
聴覚障害	1,123人	3,106人	1,774人	2,172人
知的障害	242人	40,653人	27,439人	63,651人
肢体不自由	99人	13,359人	7,896人	9,740人
病弱・身体虚弱	22人	7,219人	4,883人	6,739人

資料：文部科学省「学校基本調査」（令和元年度）

表9-6 小・中学校における特別支援学級の在籍者数 (2019（令和元）年5月1日現在)

区分	知的障害	肢体不自由	病弱・身体虚弱	弱視	難聴	言語障害	自閉症・情緒障害
小学校	90,462人	3,552人	2,900人	447人	1,357人	1,350人	99,496人
中学校	38,105人	1,119人	1,135人	179人	528人	197人	35,849人

資料：文部科学省「学校基本調査」（令和元年度）

表9-7 小・中学校における通級による指導 (2018（平成30）年5月1日現在)

区分	言語障害	自閉症	情緒障害	弱視	難聴	学習障害	注意欠陥多動性障害	肢体不自由	病弱・身体虚弱
小学校	38,275人	20,418人	13,317人	184人	1,719人	16,142人	18,129人	98人	24人
中学校	477人	3,529人	2,669人	24人	392人	4,069人	3,086人	31人	4人

資料：文部科学省「通級による指導実施状況調査」（平成30年度）

弱視者の見え方は，決して一様ではありません。芝田（2007）が，弱視者の見え方を8通りに大別して提唱しているように，弱視者の見え方を理解して，見え方に応じた支援・補助が必要です。たとえば中心部分しか見えない視野狭窄では，読み書きはできても歩行は困難です。一方，中心だけが見えない場合は，歩行はできても読み書きは困難です。

　ファミリアリゼーション（familiarization）：視覚障碍児・者が自身の活動能力を十分に発揮するには，その物・その場所を熟知している必要があります。視覚障碍児・者が活動するにあたって，未知状態のその物・その場所の聴覚的・触覚的情報を手がかりとして，その物・その場所を既知・熟知状態にすることを**ファミリアリゼーション**といいます。リハビリゼーションやオリエンテーションの前提条件といえることです。晴眼者は，視覚によって瞬時に事物の全体像を把握（**即時的把握**）できますが，視覚障碍児・者は，触覚によって徐々に全体像を把握（**継時的把握**）しますから，時間を要します。芝田（2015）は，注意を要するファミリアリゼーションの仕方について体系づけています。

2. 聴覚障碍

　（1）原因と分類：聴覚障碍は，医学・生物学的な原因によって生じる障碍ですが，そのことによる教育的・社会的ハンディキャップが最小になるように支援する必要があります。原因は，母体が風疹などに罹患することによって生じる先天性の障碍と，生後の頭部への外傷，中耳炎などの疾病，薬物の副作用（代表的なものはストレプトマイシン），精神的ストレスによる突発性難聴，加齢など後天性の障碍に分けられます。

　その障碍は，**伝音性障碍**と**感音性障碍**に分けられ，両者が重複している場合もあります。伝音性障碍は，外耳から内耳までの音を伝える経路の障碍で，外耳道の閉鎖や中耳炎などによる中耳の音響的損失によるものがあります。これらは重篤な障碍になることは少なく，その多くは，耳科的治療の効果が期待できるものです。

　感音性障碍は，内耳から大脳への聴覚神経や神経回路の障碍で，内耳性難聴と後迷路性難聴に分けられます。内耳性難聴は，内耳で音の振動を神経へ伝える蝸牛の有毛細胞の形成不全や破壊によって生じます。後迷路性難聴は，蝸牛神経や前庭神経の聴神経伝達の障碍，大脳聴覚野の損傷による中枢性聴覚障碍があり，感音性障碍は，伝音性障碍に比して医学的には重度であることが多いようです。

　聴力レベルは，**デシベル（dB）** で示され，20dB以下（ささやき声）が聴きとれる健聴，40dB（静かな状況での会話）で聴きとれる軽度難聴，60dB（普通の会話）で聴きとれる中度難聴，90dBで（大声や怒鳴り声）聴きとれる高度難聴，120dB（地下鉄の走行音）で聴きとれる聾（重度難聴）に分類され，両耳で70dB以上の音でないと聞こえなければ身体障害者手帳が交付されます。

　（2）適応への支援：難聴における聴力について原島（2006）は，残存聴力，聴覚補償，言語学習能力，早期聴覚学習の相乗効果によって形成されると指摘しています。難聴児の残存聴力に，近年飛躍的に進歩している補聴器や人口内耳による聴覚補償が加わって，早期から聴覚刺激に恵まれた環境にあれば，その子の有している言語学習能力に応じて音声言語は獲得されるということです。

　聴覚障碍者のコミュニケーション支援には，従来から手話と口話による支援がなされ，手話をベースに書記言語を用いるバイリンガル教育も施行されてきました。近年になって，人口内耳などの聴覚補償がめざましく進歩したことにより，聴覚障碍が危惧される子どもには，聴覚補償を早期から適用して，恵まれた言語環境の中で発達支援する考え方が主流になってきています。

（譲）

9　場面緘黙，摂食障碍，パニック症，PTSD

「適応－不適応」とは，環境の中で「うまくやっている」あるいは「うまくやっていけない」状態を示す概念です。積極的に環境に「慣れていく」ことは不快感を解消あるいは低減することになります。生活上で生ずるストレスへの対処がうまくできず，生活により支障をきたす状態が不適応です。学校環境や児童期・青年期における不適応状態の行動のいくつかについてみましょう。

(1) **場面緘黙**：選択性緘黙ともいわれます。家や友だちとはしゃべることはできるのに，ある社会的な状況，多くの場合学校ではしゃべらない（しゃべることを拒否する）不適応行動です。一時的なものではなく，小学生の時期に生じて，数か月から数年に及ぶことがあります。女児により多いとされています。無理に話させようとする指導は，緊張感や萎縮感を高め，対人関係への恐怖感をより強めることになりかねません。緘黙児への理解と信頼関係を築くこと，話すこと以外のコミュニケーション手段（しぐさ，メモ，メールなど）を使う工夫などが必要になります。

(2) **摂食障碍**：身体的疾患がなく，何らかの精神的な原因によって食欲や摂食行動に障害がみられ，体重の著しい減少や増加がみられるものです。神経性無食欲症は，著しい体重減少と体重の増加への強い恐怖などを特徴として，思春期やせ症ともよばれます。神経性大食症は，習慣的に大食（過食）とその後の嘔吐や下剤乱用による排出を繰り返すものです。これらは思春期や青年期の女性により多くみられます。

(3) **パニック症**：何らかの刺激や事態において，対処できないほどの極度の恐怖や不安が突如として生じ，身体的変化（体の震えやこわばり，動悸やめまい，過呼吸など）や退行（幼い行動様式）を引き起こします。パニック状態になるのではないかと心配して，外出できないなどの日常生活に支障が生ずる障害です。パニック状態は，予想外の事態（地震や火事などの災害）においては多くの人にもみられます。

(4) **PTSD（心的外傷後ストレス障碍）**：強烈なショック体験（自然災害，火事，事故，暴力や犯罪被害など）や強い精神的ストレスが，時間がたってからもその経験に対して強い恐怖を引き起こし，後にまで苦痛，怒り，哀しみ，無力感などいろいろな感情が混じった記憶となっています。何もないのに突然感情が不安定になり（取り乱したり涙ぐんだり怒ったり），ふだんでも緊張が続き，つねにイライラしている，ささいなことで驚きやすい，警戒心が行き過ぎるほど強くなる，ぐっすり眠れない，などの過敏な状態が続くようになります。行動が制限されて通常の生活が送れなくなることもあります。臨床心理士などの専門家によって，継続的に，心の傷の回復を助けること，苦しい症状を軽減することが必要になります（8章2，p.93参照）。

(宮沢)

10　コミュニケーション障害

　自閉症スペクトラム障害も含めて広義でコミュニケーション障害といわれることもありますが，自閉症スペクトラム障害を除外して，コミュニケーションに支障をきたす場合をコミュニケーション障害というのが一般的です。DSM-5 では，神経発達障害群のなかにコミュニケーション障害群として，**言語障害，語音障害，小児期発症流暢障害（吃音），社会的**コミュニケーション障害が挙げられています。

　(1) **言語障害（言語症）**：期待される年齢において，言葉の習得や使用に持続的な困難がみられる場合をいいます。この言語障害は，ほとんどの事例において幼児期からみられ，明らかに少ない語彙，文をつなげることができず限定された構文しか用いられない状態をさします。この障碍は，言語刺激を受容し理解する受容性能力と声・身振り・言葉を産出する表出性能力のいずれかもしくは両方の障碍によってもたらされています。これは，聴力やその他の感覚障害，運動機能障害，他の神経学的疾患，知的発達障害によって説明できるものではありません。

　(2) **語音障害**：知的発達障害や自閉症スペクトラム障害ではないのに，話し言葉をつくり上げている音素（個々の音声）を明瞭に構音して，語音を産出するうえでの障碍がみられる場合をいいます。語音の産出には，語音についての音韻的知識と発声しながら構音器官の運動を調整する能力の両方が必要です。語音障害の子どもは，これらの両方もしくはいずれかの障碍の可能性があります。身体的・聴覚的障碍がないのに，明瞭な発音ができない場合は，語音障害といえます。多くの場合は，幼児期から児童期前半にかけて**音韻的知識**と**構音の訓練**をすることによって，改善が期待されます。

　(3) **小児期発症流暢障害（吃音）**：会話の正常な流暢性が損なわれて，音声と音節の繰り返し，子音と母音の音声の延長，単語が途切れること，遠まわしのいい方，単音節の単語の反復などがみられる場合をいいます。この障碍によって，話すことの不安，効果的なコミュニケーションや社会参加・学業などへの自信のなさがみられます。発達的に早期からみられることが多いようです。この障碍によって，周囲が本児を否定的に評価したり，伝達されない反応を示すことによって本児に焦りが生じて，悪循環による症状の悪化がしばしばみられます。周囲の人が，流暢に話させようと焦ることなく**ゆったりと構えて聴き**，言い直させたりせず，意思疎通できていることを伝える接し方を続けていくとかなりの改善が期待できます。大人になると，会話の間に「え～」とか「あの」の音を入れてうまくカバーするテクニックを身に着けることも期待できます。

　(4) **社会的（語用論的）コミュニケーション障害**：挨拶や情報を共有する社会的な目的でコミュニケーションを用いることや，遊び場と教室，相手がおとな子どもかなどの状況の変化に応じてコミュニケーションを変えるなどの能力の障碍をさします。この障害は，幼児期の発達早期から始まっていると思われますが，集団生活を始めるまで気づかれないことが多いかも知れません。したがって4歳未満の子どもに診断がくだされることはありません。これは，自閉症スペクトラム障害，知的発達障害，その他の運動・神経疾患などによって説明することは困難です。発達の早期から言語発達に遅れがみられ，その後の発達において社会的関わり合いをさけることがみられがちで，対人関係の発達の遅れが危惧されます。

（譲）

発展学習 Q&A18　DSMとICDについて説明してください

1. DSM：Diagnostic and Statistical Manual of Mental Disorders

　DSMは，アメリカ精神医学会（APA）が作成している「**精神疾患の診断・統計マニュアル**」で，2013年に第5版（DSM-5）が刊行されました（日本語訳版は，2014年刊行）。世界保健機関（WHO）によるICDとともに，国際的に広く用いられています。

　初版（DSM-Ⅰ）は，106の精神障碍が一覧にされて1952年に刊行されました。当時はAPAというよりも一部の軍医の影響を強く受けたものでした。1968年刊行のDSM-Ⅱを経て，1980年にDSM-Ⅲが刊行されました。この第3版は，WHO（世界保健機関）のICDと内容を一致させることを意図して改訂されたもので，265の診断カテゴリーが挙げられ，現在の第5版に受け継がれている診断統計的な「多軸評定」が用いられました。

　この第3版になって，診断カテゴリーは多くの国において評価され，それ以前はアメリカとヨーロッパでの精神障碍の診断に大きなズレがみられましたが，それも改善されて国際的に広く用いられるようになりました。わが国においても，第3版以前は，精神科医によって診断基準が異なり，精神障碍の診断が確定しにくいという不都合がありましたが，第3版以降はかなり改善されました。

　1994年の第4版DSM-Ⅳでは374の診断カテゴリーが挙げられ，2013年には，ICDとの分類の一致を図って第5版（DSM-5）が刊行されました。改訂番号を明確にするために，第5版からローマ数字がアラビア数字に替えられました。

　DSMは，診断統計マニュアルですから，原因論や治療論に言及されていません。多くのマニュアル項目では，「以下の症状のうち○つ以上が存在し，少なくとも○カ月間持続していることで明らかになる」という表示の仕方がされています。また，行動や状態として表れている症状にのみ注目しての診断マニュアルですから，精神障碍についての精神力学や生理学の見解も述べられていません。

2. ICD：International Statistical Classification of Diseases and Related Health Problems

　ICDは，世界保健機関が公表している疾病，傷害及び死因の統計を国際比較するための統計分類のことです。正式名称は，「**疾病及び関連保健問題の国際統計分類**」といいます。アルファベットと数字を用いたコードで表されますから，言語の違いによる弊害はなく，国際比較が可能になっています。死因や疾病の統計などに関する情報の国際的な比較や，医療機関における診療記録の管理などに活用されています。わが国においても，WHOの勧告を受けて死因統計を公表して国際的な死因分類に貢献しています。

　全身の疾病に関する国際統計分類で，すべての病気やけがは必ずどこかのグループに振り分けられます。1900年に第1回国際死因分類として制定され，以後第9版（ICD-9）までほぼ10年ごとに改訂されて，1990年に刊行された第10版（ICD-10）では，精神および行動の障碍は，F00 – F99にまとめられています。この分類は，ある基準によってカテゴリーやグループ別に整理したものですから，医学の用語集とは一致しません。

　APAとWHOは，それぞれの版の改訂にあたっては，国際的に精神障碍に関する診断カテゴリーが混乱しないように，お互いに内容が一致するよう配慮しています。WHOは，2018年に，『ICD-11』を公表して，2022年に正式発効の予定です。

（譲）

発展学習 Q&A19　自閉症スペクトラム障害について説明してください

　2013年に改訂されたDSM-5（Q&A18参照）では，いわゆる自閉性の障碍をDSM-Ⅳでの広汎性発達障害やアスペルガー障害等ではなく，**自閉症スペクトラム障害**と表記しています。スペクトラムは，図9-3に示すように，自閉症を別々のいくつかのタイプとして分類するのではなく，虹の色の境界に線が引けないのと同じように，重症から軽症まで連続していて，さらに軽い自閉症発現型（**BAP：Broad Autism Phenotype**）へ連続していくという考え方です。発達の凸凹という各特性の程度差として表した方が，適切であるという考え方によるものです。自閉症の子どもの様子が変わったわけではありませんから，DSMのどちらの表現であれ，自閉症の子どもの本質的特徴を理解することが重要です。

　自閉症スペクトラムという診断は，イギリスの精神科医ウイング（1997）によってまとめられたものです。①社会性の質的偏り，②コミュニケーションの質的偏り，③イマジネーションの質的偏りのそれぞれの特性の程度を組み合わせて，その人を理解しようとするものです。したがって，どのタイプと区別できるものではなく，健常児から自閉症児までを連続体として理解するものです。DSM-5では，このウイングの考え方に基づいて自閉症を自閉症スペクトラム障害と表記し，表9-8のように診断基準を挙げています。

　自閉症研究は，1943年アメリカの精神科医カナーが，「情緒的交流における自閉的障害：Autistic Disturbances of Affective Contact」と題して11症例（男児8名・女児3名）を紹介し，翌1944年，かれらをearly infantile autism（早期幼児自閉症）と名づけたことから始まりました。カナーは，生後3歳までに自閉症は発症し，小児分裂病の1つのタイプと位置づけ，以下のおもな特徴を指摘しました。

①他者の感情を理解しようとせず，双方向の交流ができない対人関係の困難性
②言語・コミュニケーション発達の遅滞とエコラリア・独語・抑揚のない話し方など言語の特異性
③不合理であっても強迫的に同じであることに固執する同一性の保持
④興味対象が機械などに限定される興味限局と常同行動

　最終的に彼は，自閉症の特徴を（1）**極端な対人的孤立**，（2）**同一性保持への強迫的固執**に集約しました。

　また，カナーが11症例を紹介した翌年の1944年，オーストリアの小児科医アスペルガーは，カナー

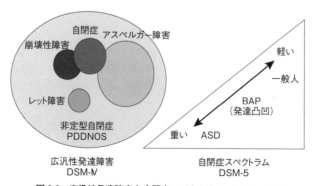

図9-3　広汎性発達障害と自閉症スペクトラム　（杉山ら，2014）

の症例報告を知らずに，以下の特徴をもつ症例報告をしました（アスペルガー障害の症例）。

①視線が合いにくく，大人びた風貌で表情が乏しく，運動や行動に偏りがある身体的所見。
②言語にも不自然さがあり，他者の感情に関心を示さず双方向の交流ができない表現の状態。
③興味対象が限局し，こだわりが強く，衝動的な行動の特異性とその困難性。
④特殊な能力を発揮し，自己を内観し他者を批判するなどの高い知的能力。

これら症例を，気質の偏り「自閉的精神病質：Autistic Psychopathy」として説明しました。

その後多くの研究者らによって症例報告と原因論の検討がなされてきました。他者との情緒的交流のできなさ，興味限局と同一性の保持への固執を中核特徴とする症候群として理解されるようになり，1981年には，ウイングによって，比較的症状が軽くアスペルガーの症例に近い一群は，アスペルガー障害と命名されました。原因については，カナーの挙げた親の養育の失敗などによる心因説は否定されていますが，脳障碍による器質的要因論，気質の偏り等遺伝要因論，代謝障碍起因論，言語・認知障碍説，高次脳等認知機能の障碍起因論など様々挙げられています。

(譲)

表9-8　自閉症スペクトラム障害の診断基準（DSM-5）

A. 複数の状況で社会的コミュニケーションおよび対人的相互反応における持続的な欠陥があり，現時点または病歴によって，以下により明らかになる（以下の例は一例であり，網羅したものではない）。
 (1) 相互の対人的‐情緒的関係の欠落で，例えば，対人的に異常な近づき方や通常の会話のやりとりのできないことといったものから，興味，情動，または感情を共有することの少なさ，社会的相互反応を開始したり応じたりすることができないことに及ぶ。
 (2) 対人的相互反応で非言語的コミュニケーション行動を用いることの欠陥，例えば，まとまりのわるい言語的，非言語的コミュニケーションから，アイコンタクトと身振りの異常，または身振りの理解やその使用の欠陥，顔の表情や非言語的コミュニケーションの完全な欠陥に及ぶ。
 (3) 人間関係を発展させ，維持し，それを理解することの欠陥で，例えば，さまざまな社会的状況に合った行動に調整することの困難さから，想像上の遊びを他者と一緒にしたり友人を作ることの困難さ，または仲間に対する興味の欠如に及ぶ。

B. 行動，興味，または活動の限定された反復的な様式で，現在または病歴によって，以下の少なくとも2つにより明らかになる（以下の例は一例であり，網羅したものではない）。
 (1) 常同的または反復的な身体の運動，物の使用，または会話（例：おもちゃを一列に並べたり物を叩いたりするなどの単調な常同運動，反響言語，独特な言い回し）。
 (2) 同一性への固執，習慣への頑なこだわり，または言語的，非言語的な儀式的行動様式（例：小さな変化に対する極度の苦痛，移行することの困難さ，柔軟性に欠ける思考様式，儀式のようなあいさつの習慣，毎日同じ道順をたどったり，同じ食物を食べたりすることへの要求）。
 (3) 強度または対象において異常なほど，きわめて限定され執着する興味（例：一般的ではない対象への強い愛着または没頭，過度に限局したまたは固執した興味）。
 (4) 感覚刺激に対する過敏さまたは鈍感さ，または環境の感覚的側面に対する並外れた興味（例：痛みや体温に無関心のように見える，特定の音または触感に逆の反応をする，対象を過度に嗅いだり触れたりする，光または動きを見ることに熱中する）。

C. 症状は発達早期に存在していなければならない（しかし社会的要求が能力の限界を超えるまでは症状は完全に明らかにならないかもしれないし，その後の生活で学んだ対応の仕方によって隠されている場合もある）。

D. その症状は，社会的，職業的，または他の重要な領域における現在の機能に臨床的に意味のある障害を引き起こしている。

E. これらの障害は，知的能力障害（知的発達症）または全般的発達遅延ではうまく説明されない。知的能力障害と自閉スペクトラム症はしばしば同時に起こり，自閉スペクトラム症と知的能力障害の並存の診断を下すためには，社会的コミュニケーションが全般的な発達の水準から期待されるものより下回っていなければならない。

(日本精神神経学会　日本語版用語監修　髙橋三郎・大野　裕監訳　2014　DSM-5精神疾患の診断・統計マニュアル　医学書院　pp.49-50.)

発展学習 Q&A20　ICF（国際生活機能分類）とは何ですか

　ICF：International Classification of Functioning Disability and Health（国際生活機能分類）は，2001 年に WHO（世界保健機関）で制定され，正式名称は「生活機能・障害・健康の国際分類」といいます。1980 年に制定された ICIDH：International Classification of Impairments, Disability and Handicaps（国際障害分類）の改訂版です。

　ICF は，すべての人の生活上の健康状態を，障碍・活動・参加のあり方と環境・個人の因子の相互作用によって 1,400 以上の項目に分類したものです。さらに，児童・青年版として ICF-CY：ICF version for children and youth が，2006 年に WHO で承認されています。この ICF の考え方は，生活上での困った状況（障碍のある状況）を，個人の障碍や機能障害のみを原因としないで，個人の環境を整えて主体性を引き出し，社会的活動や参加を支援していこうというものです。たとえば，目の不自由な人が旅行をする時，視力障碍は確かにあるのですが，点字に訳された旅行パンフレットがあって，駅への道には点字ブロックが整備され，交差点の信号には音楽のサインがあり，駅には点字案内やエレベーターが完備され，行き交う人が気軽にエスコートしてくれる環境があれば，この目の不自由な人は，電車に乗って旅行を満喫し社会参加することができます。障碍の有無にかかわらず，すべての人は自分に見合った環境を得て主体的に社会参加や活動をして，健康な生活を送ることができるという考え方です。

　1980 年制定の ICIDH の理念は，目が不自由という**機能障碍（impairment）**は，「目が見えないから旅行パンフレットが読めない」とか「はじめての道は歩けない」という**能力障碍（disability）**を引き起こし，その結果，旅行に行けないという**社会的不利（handicap）**に陥りがちだから，そうならないように点字学習を促進し，点字ブロックの道を歩く練習を重ねるなど，旅行にも行けるように能力障碍や社会的不利を軽減する考え方でした。社会の環境を整えるというよりは，個人の状態を少しでも改善して社会参加を促そうという考え方でした。これに対して ICF は，何らかの機能障害があっても，環境を整えて，障碍者でない人と同じように社会参加し活動を重ねて，「楽しい」「うれしい」という健康な心を維持できることを重視した考え方といえます。本人を取り囲む環境を整備して，本人の気持ちを尊重しながら，社会的活動に参加できるように支援することを目的にしています。

　また，2013 年 6 月に公布された「障害を理由とする差別の解消の推進に関する法律**（通称：障害者差別解消法）**」が，2016 年 4 月に施行されました。この法律では，障碍を理由として障碍者でない人と不当な差別的扱いをすることによって，障碍者の権利利益を侵害してはならないということのみならず，社会的障壁の除去を必要としている旨の表明が障碍者からあった場合に，その除去が過重でないかぎり除去して**合理的配慮**をしなければならないということです。この合理的配慮を実現するために，行政機関および事業者（学校も含む）は，必要かつ合理的配慮を的確に行うため，施設の構造の改善および整備，関係職員に対する研修，その他の必要な環境の整備に努めなければならないのです。

　障碍のない人は，テレビの音が小さければ音量を大きくし，プロジェクターのスクリーンが見にくければ部屋を暗くして見やすくします。高層ビルに昇るのはエレベーターを利用して昇ります。テレビの音が小さいからと耳を鍛えたり，スクリーンが見にくいからと目を鍛え，高層ビルに昇るのに脚を鍛える人はいません。障碍のある人も同じことです。その障碍を克服しなければ社会参加や活動ができないのではなく，それら障碍のままで社会参加や活動ができる環境をみんなで力を合わせてつくり上げていこうとするのが，ICF や障害者差別解消法の基本的理念です。

（譲）

発展学習 Q&A21　神経発達障害についての最近の考え方を説明してください

1．神経発達障害の概念

　DSM-5において，発達障碍は神経発達障害と総称されるようになりました。この障碍は，典型的には発達的早期の小学校入学前に明らかとなり，日常生活の学業や職業における機能の障害を引き起こします。DSM-5では，知的能力障害群，コミュニケーション障害群，自閉症スペクトラム障害，注意欠如・多動性障害，限局性学習障害，運動障害群，ほかの発達障害群が分類されています。

　2012年に文部科学省が小・中学校に実施した調査では，通常学級に在籍する児童・生徒の6.5%，特別支援学校・特別支援学級で特別支援教育を受けている児童・生徒が2.9%，合わせて9.4%が発達障碍と考えられると報告されています。

　この発現の仕方は多種多様で，遺伝的な素因と環境的要因の両者が関わる多因子モデルで原因は説明されています。また，DSM-5では，それまでの多軸診断に代わって，多元的診断が用いられています。DSM-Ⅲ・DSM-Ⅳに採用された多軸診断は，精神疾患，精神遅滞と人格障害，身体的状況，環境状況，全体的適応状況の5つの異なった側面の評価を行って総合的に診断するものでした。一方，多元的診断は，基盤に多元的なスペクトラム（連続体）を想定して，%表示によって重症度を判定するもので，神経発達障害はこの診断の方が適合すると考えられています。

2．神経発達障害の教育

　神経発達障害の子どもへの教育は，特別支援教育が中心になって担います。「特別支援教育」とは，障碍のある幼児・児童・生徒の自立や社会参加に向けた主体的な取り組みを支援するという視点に立ち，幼児・児童・生徒一人ひとりの教育的ニーズを把握し，そのもてる力を高め，生活や学習上の困難を改善又は克服するため，適切な指導及び必要な支援を行うもので，2007年4月から，「特別支援教育」が学校教育法に位置づけられました（文部科学省）。

　(1) **インクルーシブ教育**：この教育の実践にあたって，**インクルーシブ教育**の実践の必要性が叫ばれ，導入が予定されています。インクルーシブ教育とは，障碍のある子どもとない子どもが，同じ場でともに遊び・学ぶことを推進し，個別の教育的ニーズのある子どもに対して，将来の自立と社会参加を目指して，その個別的教育的ニーズに的確に応える指導を提供する教育です。自閉症スペクトラム児の認知特性を治療原理に取り入れた米国ノースカロライナでの**TEACCH**：Treatment and Education of Autistic and related Communication Handicapped Childrenという包括的な個別プログラムの教育実践など，わが国においても個別プログラムに基づいた教育が，集団の中においてなされるようになってきました。

　(2) **治療プログラム**：自閉症スペクトラム児への治療プログラムとしては，自然条件に近い環境を用いた現代型ABA：Applied Behavior Analysis（応用行動分析）や，その中でも般化が行われやすくなったPRT：Pivotal Response Trainingを用いたトレーニングでは，行動指標が改善されたという報告があります。また，両親をターゲットとして，両親が子どもへの支援が可能になるように治療するPT：Parent Trainingも導入されています。さらに，自閉症スペクトラム児の感覚処理に介入した感覚統合療法も実践されています。このように，様々な取り組みがなされるようになってきました。　（譲）

補章　教職の心理学に貢献した人々

　同名の人物には，区別のためにイニシャルが付いています。また，本文中に出てこない人物も追加してあります。

■**アイゼンク**（Eysenck, H. J. 1916-1997, ドイツ，後イギリス）
　神経症傾向−情動的安定性，外向的−内向的の2次元からなる気質的な人格（パーソナリティ）モデルを提案し，**MPI（モーズレイ性格検査）**を開発した（p.67）。神経症患者の治療を通して**行動療法**の効果測定を行い，今日のエビデンス・ベーストによる（証拠に立脚した）心理療法の道を開いた。

■**アドラー**（Adler, A. 1870-1937, オーストリア生まれ，アメリカで活躍）
　S.フロイトの精神分析学の影響を受けた心理学者。性衝動を重視したS.フロイトに対して，「権力への意志」を重視した**劣等感コンプレックス−優越感コンプレックス**を提唱した。

■**イタール**（Itard, J. M. G. 1774-1838, フランス）
　聴覚疾患の治療の研究を始めた。いわゆる「オオカミに育てられた子」（ヴィクトール）に関わり，『**アヴェロンの野生児**』を著した。

■**ヴィゴツキー**（Vygotsky, L. 1896-1934, ロシア）
　人間の発達を文化的，対人的，個人的の3つに分け，とくに文化的と対人的発達を重視した。そして**発達の最近接領域**の考えを提唱した。思考と言語の研究領域では内言，外言の概念を提案した。

■**ウィリアムソン**（Williamson, E. G. 1900-1979, アメリカ）
　指示的カウンセリング。クライエントが情報が不足していることが問題の本質であるとして，特性因子論に基づく心理テストなどを使って，積極的に問題解決のための指示をするカウンセリングを提唱した。

■**ウェクスラー**（Wechsler, D. 1896-1981, ルーマニア生まれ，アメリカで活躍）
　第一次世界大戦時のアーミーα知能検査の開発に参加した。その後，アメリカのベルビュー病院に勤務して，診断的な**ウェクスラー式知能検査**を開発した。年齢に応じてWAIS（ウェイス，成人用），WISC（ウィスク；児童用），WPPSI（ウィプシ；幼児用）のタイプがある（p.36）。

■**ウェルトハイマー**（Wertheimer, M. 1880-1943, チェコ生まれ，ドイツ）
　「全体は部分の総和以上のものである」という有名な言葉で知られる1930年代の**ゲシュタルト心理学**の代表者の一人である。『運動視についての実験的研究』（1912）を著した。アメリカに亡命して活躍した。

■**ウォルピ**（Wolpe, J. 1915-1997, 南アメリカ）
　戦争神経症の治療にあたり，その経験から**逆制止法**，**系統的脱感作法**を開発して行動療法の基礎を確立した。なお，系統的脱感作法は，不安階層表をつくって，その弱い不安の段階から徐々に慣れさせていき，最終的に行動目標が達成できるようにするセラピーである（p.99）。

■**エビングハウス**（Ebbinghaus, H. 1850-1909, ドイツ）
　記憶の保持について自分を被験者（実験協力者）とする組織的な長時間の実験を行い，時間の経過にともなう有名な**記憶の忘却曲線**を記述した。高度精神作用（＝認知機能）についての実験心理学研究の先駆けとなった。

■**エリクソン, E.H.**（Erikson, E. H. 1902-1994, ドイツ生まれのデンマーク人）
　精神分析学を開いたS.フロイトの影響を受け，心理社会的な自我同一性（エゴ・アイデンティティ）を中心概念にした8つのライフサイクルからなる**自我同一性の発達段階説**を提唱した（p.22）。著書に『幼年期と社会』(1950)などがある。催眠療法で有名な，ミルトン・エリクソンとは別人。

■**エリス**（Ellis, A. 1913-2007, アメリカ）
　ABC理論を提唱した臨床心理学者。非合理的な信念を改めることによって行動と感情を変えるという**論理療法（現・理性感情論理療法）**の提唱で知られ，今日の認知行動療法の流れに大きな貢献を果した（p.99）。

■**オースベル**（Ausubel, D. P. 1918-2008, アメリカ）
　有意味受容学習に関する研究者。ピアジェ理論の形式的操作期以降段階にある学習者が，あるまとまった評論や知識内容を読解・理解する時に，小見出しなどで内容の要約やヒントを事前提示すると方向づけがなされて理解が早く進むとし，この働きを**先行オーガナイザー**と呼んだ。ブルーナーの発見学習との対比で紹介されることが多い（p.44）。

■**オルポート**（Allport, G. W. 1897-1967, アメリカ）
　アメリカの心理学の創生期に人格・パーソナリティを研究し，**パーソナリティの定義**をした人物として知られている。『人格心理学』(1961)，『社会心理学史』(1954)などを著した。

■**カナー**（Kanner, L. 1894-1981, オーストリア生まれ，アメリカで活躍）
　子どもにみられる症状としての**自閉症の語を最初に使用**した児童精神医学者（p.116）。その後，自閉症には，このほかにも別のタイプがあることがアスペルガーなどによって発表された。

■**カルフ**（Kalff, D. 1904-1990, スイス）
　ユング派の心理療法家。投映法（投影法）の一種である**箱庭療法**を考案した（p.98）。もともと箱庭療法は，SF作家のH. G. ウエルズが子どもとミニチュア玩具遊びを行った体験談に基づいて，イギリスの小児科医のローウェンフェルドが「世界技法」の名で発表した。砂や樹木・動物などの多くの人形を自由に使った制作物は，患者の精神的な治療のほか抑圧された記憶の反映とみなされて解釈される。

■キャッテル，J. M.（Cattell, J. M. 1860-1944, イギリス生まれ，アメリカで活躍）

差異心理学に関心を寄せ，反応時間の個人差を研究した。教育測定の先駆者で**メンタル・テスト**を考案した（1890年）。結晶性知能と流動性知能の区別を提案したR. キャッテルとは別人。

■キャッテル，R.（Cattell, R. 1905-1998, イギリス生まれ，アメリカで活躍）

スピアマンの g（一般知能）を構成するタイプとして，**流動性知能と結晶性知能の区別**を提案した（p.36）。前者は遺伝的な要素が強く成人期にピークとなる。後者は65歳ぐらいまでは一定でそれ以降に下降するとした。前者を測定する文化公平性（カルチャー・フリー）知能検査の開発でも知られる。

■ギルフォード（Guilford, J. P. 1897-1987, アメリカ）

心的操作（5種類）×内容（4種類）×所産物（6種類）の組合せ120からなる知能の立体モデルを提唱し，そのうち80余りまでの知能測定テストを考案した（p.36）。また，創造性研究につながる**集中的思考（収れん的思考）と拡散的思考（発散的思考）**の区別をしたことで知られる。日本では**Y-G（矢田部ーギルフォード）性格検査**のもとの開発者として有名（p.67）。

■クレッチマー（Kretschmer, E. 1888-1964, ドイツ）

第一次世界大戦に軍医として従軍。精神症状－気質－体型の連関性に着目し，『体格と人格』（1922）を著して**体型による精神病質の分類**を行った（p.66）。ヒステリー研究でも知られる。

■クレペリン（Kraepelin, E. 1956-1926, ドイツ）

ドイツの医師で，**現代精神医学の創始者**とされる。早発性痴呆（現在の統合失調症）の研究で知られる。S.フロイトを中心とした精神分析や深層心理学を批判した。日本では，内田勇三郎が改訂を加えた作業検査である**内田ークレペリン精神（作業）検査**にその名前が残っている（p.69）。

■クロンバック（Cronbach, L. J. 1916-2001, アメリカ）

教育測定を専門とする教育心理学者であり，教育の**適性処遇交互作用（ATI）**を提唱した（p.45）。質問紙を作成する際の信頼性係数（α係数）の考案者としても知られる。

■ケーラー（Köhler, W. 1887-1967, ドイツ）

ゲシュタルト心理学者。『類人猿の智恵試験』を書いて，チンパンジーが手の届かない高い位置にあるバナナを取るのに箱を積み上げて取ったという入手方法の観察から，**学習の洞察説（洞察学習）**を提唱した（p.30）。

■ゲゼル（Gesell, A. 1880-1961, アメリカ）

小児科医で発達心理学者。インドで見つかった子どもアマラ・カマラの行動観察記録『オオカミに育てられた子』（1941）を著した。遺伝と環境の問題では双生児の階段登りの実験観察をして**発達の成熟説**を唱えた（p.8）。

■コールバーグ（Kohlberg, L. 1927-1987, アメリカ）

道徳性の発達について3水準6段階説を提唱した。水準1は前慣習の水準，水準2は慣習の水準，

水準3は脱（後）慣習の水準であり，各水準にそれぞれ2つの段階を設定した。多くの文化においてこのような順序性（特に第2水準の4段階までは）が実証されている（p.23）。

■**國分康孝**（1930-, 日本）
　グループセラピー（集団心理療法，集団精神療法）の1つである**構成的グループエンカウンター（SGE）の創始者**（p.96）。グループで取り組む課題（エクササイズという）を課し，その後シェアリング（共有化）を行うことにより自己理解，他者理解，グループ過程理解を促す。このほか，エリスの論理療法の紹介者としても知られる。

■**コッホ**（Koch, K. 1906-1958, スイス）
　投映法（投影法）の一種の**バウムテスト（樹木画テスト）**で知られる（p.68）。バウムテストでは，A4判用紙に「実のなる木を自由に描いてください」として，樹木の大きさ，枝や幹の太さ，実などの描かれ方から，そこに投影された人格を診断する。

■**サイモンズ**（Symonds, P. M. 1893-1960, アメリカ）
　子どもに対する**親の養育態度**を，「支配－服従」「受容－拒否」の2次元からとらえて，その組み合わせからなる4領域の，過保護型［かまいすぎ］（支配－受容領域），溺愛型［甘やかしすぎ］（服従－受容領域），放任型［ほったらかし，無関心］（服従－拒否領域），過酷型［厳しすぎ］（支配－拒否領域）の4つの養育態度に類型化した（p.27）。

■**ジェームズ**（James, W. 1842-1910, アメリカ）
　プラグマティズム（実用主義）に立ち，アメリカで初の心理学の講義を開始して**アメリカ心理学の父**とされる。感情発生の説明理論の1つであるジェームズ＝ランゲ説に，その名前を残している（p.17）。

■**ジェンセン**（Jensen, A. R. 1923-?, アメリカ）
　発達にとって遺伝的な素質が発現するには環境からの影響が重要になるが，それは特性によって影響を及ぼすか否かの閾値が異なるためであるとする**環境閾値説**を唱えた。人種差別につながる説として大きな批判を受けた。

■**シュテルン**（Stern, W. 1871-1938, ドイツ，アメリカで活躍）
　発達心理学の領域を確立した一人で3人の子どもを18年間観察した『乳幼児の心理学』（1914年）を著した。発達が遺伝と環境からなり，それが収斂した結果が発達となるとする**輻輳説**を主張したほか，知能指数（IQ）の算出のアイデアでも有名（p.37）。英語読みではウィリアム・スターン。

■**シュプランガー**（Spranger, E. 1882-1963, ドイツ）
　哲学者ディルタイによる価値意識の3類型を発展させ，『生の諸形式』（1914）において，人間を価値観や生きがいでタイプ分けしたユニークな**パーソナリティの6類型論**（社会型，権力型，宗教型，経済型，理論型，審美型）を発表した（p.16, 66）。

■シュルツ（Schultz, J. H. 1884-1970, ドイツ）
　催眠の研究から自己暗示によるリラクセーションが高まる点に着目して，後に**自律訓練法**を考案した。自律訓練法は，自律神経系の働きを可視化することで自己コントロールを図っていく方法である。

■スキナー（Skinner, B. F. 1904-1990, アメリカ）
　アメリカの新行動主義心理学者。スキナーボックスの実験装置によるネズミの行動観察から，**オペラント条件づけ（＝道具的条件づけ）**の原理による学習理論を構築した。ティーチング・マシンを使った**CAI（コンピュータ支援教育）**の原理やプログラム学習の提唱者としても知られる（p.46）。

■スピアマン（Spearman, C. E. 1863-1945, イギリス）
　知能が，1つの共通した知能因子（g因子；一般因子）と，それぞれに特有の知能因子（s因子；特殊因子）からなるとする知能構造の**2因子説**を提唱した（p.36）。

■セリグマン（Seligman, M. E. P. 1942-, アメリカ）
　動物実験による動機づけ研究を行い**学習性無力感**の概念を提唱した。イヌの自発的な（オペラント）行動のたびに電気ショックを与えると，やがてイヌは回避行動を放棄して無気力になり，やる気がなくなる実験から，これが学習によるものであるとした（p.32）。**ポジティブ心理学**の提唱者。

■ソーンダイク（Thorndike, E. L. 1874-1949, アメリカ）
　アメリカ教育心理学の父。教育測定運動の中心人物。「問題箱」とよぶ実験装置を使ったネコの脱出行動の実験観察から，**学習の試行錯誤説**（後に，スキナーによるオペラント条件づけ学習に発展）を提唱し，効果の法則，練習の法則，準備の法則の**学習の3法則**を見出した。『教育心理学』（1913-14）は，当時の標準的なテキストとなった（p.30）。

■ターマン（Terman, L. M. 1977-1956, アメリカ）
　ビネー式の知能検査をもとにしたアメリカ版の**スタンフォード・ビネー知能検査**（1916年）を作成した（p.37）。その結果表示にはドイツのシュテルンが考案した知能指数IQの表記法（1914年）を採用し，この検査を使った優秀児の追跡調査を行った。

■トールマン（Tolman, E. C. 1886-1954, アメリカ）
　ネズミの迷路学習の実験を行って，ネズミは自分の試行錯誤の経験から認知地図を形成して迷路の迂回路を見つけることができるとし，目標（ゴール）とその達成手段（コース）の認知を形成することが学習であるとする**サイン・ゲシュタルト説**を提唱した（p.30）。

■ハーロー（Harlow, H. 1905-1981, アメリカ）
　母子分離の状態で生育されたアカゲザルの子猿が成長後に異常行動を多く示すことから，人工飼育の子猿を使った実験を行い，皮膚的な接触（和製英語でいう「スキンシップ」）が情緒的な安定に重要だとするいわゆる**代理母親の愛情実験**を行った（p.26）。

■**ハヴィガースト**（Havighurst, R. J. 1900-1991, アメリカ）
　教育学者。**発達課題**という概念を提唱し，人間の順調な発達のためには各段階それぞれに学習すべき 10 ほどの課題があるとして課題を列挙した（p.7）。

■**パヴロフ**（Pavlov, I. P. 1849-1936, ロシア）
　大脳生理学者。ノーベル賞を受賞。イヌの実験による条件反射，心理学では**レスポンデント条件づけ（＝古典的条件づけ）**の学習実験で知られる。後には行動療法の中心的な理論になっていった（p.30）。

■**バンデューラ**（Bandura, A. 1925-, カナダ生まれ，アメリカで活躍）
　人間の行動のほとんどは**モデリング（観察学習）**を通じて学ばれるとする社会的学習理論（のちに社会的認知理論）を提唱した。子どもの暴力行動に及ぼすメディアの影響の実験が知られる。また**自己効力理論**を中核とした認知行動療法の基礎を提供した（p.32）。

■**ピアジェ**（Piaget, J. 1896-1980, スイス）
　生物学者，哲学者。子どもの観察を通じて，**発生的認識論による思考（認知）の発達段階説**（感覚運動期，前操作期，具体的操作期，形式的操作期）を提唱し，子どもの知的発達研究に大きな貢献をした（p.20）。また，結果論的（他律的，客観的）道徳判断から動機論的（自律的，主観的）道徳判断への発達的移行という**子どもの道徳的判断の理論**を発表した。

■**ビネー**（Binet, A. 1857-1911, フランス）
　1905 年に，**世界で最初の知能検査**「異常者の知的水準診断の新方法」を考案し実施した（p.37）。その後改訂を続ける中，アメリカや日本にも広まった。日本では，田中寛一や鈴木治太郎らが改訂版の知能検査を開発し現在も使われている。

■**ブルーム**（Bloom, B. S. 1913-1999, アメリカ）
　教育評価の研究者であり，教育目標の分類・体系化を試みた。評価の時期を**診断的評価，形成的評価，総括的評価**の 3 つに分けて，結果のフィードバックを活かす**完全習得学習（マスタリーラーニング）**の授業研究を進めた（p.51）。

■**フロイト，A.**（Freud, A. 1895-1982, オーストリア生まれ，イギリス）
　アンナ・フロイトは，精神分析学派のセラピストで，S. フロイトの実娘（p.94, 98）。コミュニケーション手段として児童の遊びに着目することで，自我や無意識に関する**児童分析**を行った。これは，**遊戯療法（プレイセラピー）**の 1 つに分類されている。なお，非指示的な遊戯療法家としては，アクスラインが有名である。

■**フロイト，S.**（Freud, S. 1856-1939, オーストリア）
　ジクムント・フロイトは，**精神分析学の創始者**。神経症治療の技法に対して夢判断や自由連想法といった技法を使い，心の深層部分の無意識の層に潜む動物的な性的本能（リビドー）を重視した。リビドーが年齢にともなって身体のどの部分に強く出現するかに基づいた**心理‐性的発達段階**を提唱した（p.21, 98）。

■**ボウルビィ**（Bowlby, J. 1907-1990, イギリス）
　愛着（アタッチメント）概念を提案し（p.24），**ホスピタリズム（施設病）**の語を使って母親分離（または母性はく奪，マターナル・デプリベーションともいう）が子どもの発達を阻害することを提唱したが，1956年には部分的な誤りを認めた。世界保健機関（WHO）から委託を受けた成果を『乳幼児の精神衛生』（1951年）としてまとめた。

■**ホール**（Hall, G. S. 1844-1924, アメリカ）
　1880年頃から，**アメリカで児童研究運動**を推進した。青年心理学の領域に質問紙法を用いた研究を行い，**青年心理学の父**とされる。アメリカ心理学協会の初代会長である（p.16）。

■**マズロー**（Maslow, A. H. 1908-1970, アメリカ）
　下部の基礎的な方から生理的，安全，所属と愛情，承認のいわゆる4つの欠乏欲求群，その上位に認知的，審美的，自己実現の成長欲求からなる**欲求階層説**を提案した心理療法家（p.39）。**人間性心理学**（ヒューマニスティック・サイコロジー）の代表者の一人である。

■**マレー**（Murray, H. A. 1893-1988, アメリカ）
　モルガンとともに，曖昧（あいまい）図形から自由に物語を作らせるという**主題統覚検査（TAT：Thematic Apperception Test）**を創案した（p.68）。これはロールシャッハ・テストなどとともに，当時の投映法（投影法）によるパーソナリティ・テストの代表的な1つとなった。

■**ミラー**（Miller, G. A. 1920-, アメリカ）
　情報論的な観点から，人間の記憶過程に関する性質，「**マジカルナンバー（不思議な数）7±2～情報処理過程における私たちの容量の限界について**」（1956年）の論文を発表した。これを契機に，心理学研究にいわゆる「認知革命」が起こり，認知心理学や認知科学の領域が急激に発展した。

■**ミルグラム**（Milgram, S. 1933-1984, アメリカ）
　人は他者から命令されると，たとえ道義的な価値観と矛盾することでも服従してしまうことを実験で証明したが，当時から研究倫理上の論議をよんだ。これは学校場面における集団によるいじめの問題にも心理学的な示唆を与えた。著作として，『服従の心理—アイヒマン実験—』がある。

■**モレノ**（Moreno, J. L. 1889-1974, ルーマニア）
　社会測定法（ソシオメトリー）によって集団内の人間関係や集団構造を調べる立場から，**ソシオメトリック・テスト**を開発した（p.61）。精神分析による集団心理療法として**心理劇（サイコドラマ）**（p.98）や**ロールプレイ（役割演技）**技法を考案した（p.97）。

■**ユング**（Jung, C. G. 1875-1961, スイス）
　S.フロイト，アドラーと並ぶ初期の精神分析学の3大家の一人。リビドーを心的なエネルギーととらえ直すことによってS.フロイトとは異なる**分析心理学**を立ち上げた。**外向性－内向性**を軸とした人格論を提唱した（p.66）。

■レヴィン（Lewin, K. 1890-1947, ドイツ）
　ゲシュタルト心理学者。行動は人と環境の関数で記述できるという $B = f(P, E)$ の公式で行動を記述しようとした（p.93）。**アクションリサーチ研究**，**集団力学（グループ・ダイナミックス）研究**を始めたことでも知られる。少年のリーダーシップ研究を行い（1939年），有名な民主型，専制型，放任型リーダーの比較実験をして，子どもの社会性研究にも貢献した。青年期を**境界人（周辺人，マージナルマン）**と特徴づけたことでも知られる（p.16）。

■ローゼンソール（Rosenthal, R. 1933-, ドイツ生まれ, アメリカ）
　ピグマリオン効果の実験を行い，『教室のピグマリオン』(1968) を著した。教員に対して高い知能得点の児童らの名前（実はウソ）を教えたところ，その児童らの成績が上昇したとされる。**教師期待効果**ともいう（p.63）。なお，逆に，期待しないと成績が下がる例を**ゴーレム効果**という。

■ローゼンツヴァイク（Rosenzweig, S. 1907-2004）
　PFスタディ（絵画欲求不満テスト）を考案した。このテストは，欲求不満が喚起されやすいようなイラスト図版を見せて，自分なら何というかを図版の吹き出し（せりふ）箇所に記入させる投映法（投影法）の1つである（p.68）。また，欲求不満耐性の語を提唱した。

■ロールシャッハ（Rorschach, H. 1884-1922, スイス）
　左右対称の「インクのしみ」が描かれた10枚図版についてどこに何が見えるかを尋ね，患者の精神内面を診断するという**ロールシャッハテスト**を考案した（p.68）。これは投映法（投影法）のテストとして分類されている。『精神診断学』(1921年) を出版したが，翌年37歳で死去。ロールシャッハテストは臨床診断のほか，文化人類学の分野でも使われる。

■ローレンツ（Lorenz, K. Z. 1903-1969, オーストリア，ドイツ，アメリカで活躍）
　人工ふ化したハイイロガンが最初に動くモノに遭遇した時，それをあたかも実親のように誤認して追尾行動を続けることから，動物の初期学習（**刻印づけ[刷り込み]，インプリンティング**）の重要性を指摘した（p.26）。1973年にノーベル賞を受賞。

■ロジャーズ（Rogers, C. R. 1902-1987, アメリカ）
　『カウンセリングと心理療法』(1942年) などを著した。個人の成長を援助し，知的側面よりも情緒的な側面の方に焦点を当てて，過去よりも「いま，ここで」の状況を重視する**来談者中心療法，クライエント中心療法**や，集団心理療法（集団精神療法）である**エンカウンターグループ**という手法を提唱した（p.78, 96）。20世紀のアメリカや日本の心理療法家に大きな影響を与えた代表者の一人。

■ワトソン（Watson, J. B. 1878-1958, アメリカ）
　アメリカ行動主義の創始者であり，アルバート坊やに関する実験神経症の研究や，**行動主義宣言**(1913年) で有名（p.8）。その後は，大学を離れて実業界で活躍した。

引用文献

序章

安藤寿康（2000）．心はどのように遺伝するか―双生児が語る新しい遺伝観　講談社

安藤寿康（2009）．生命現象としてのパーソナリティ　榎本博明・安藤寿康・堀毛一也　パーソナリティ心理学―人間科学，自然科学，社会科学のクロスロード　有斐閣　pp.111-113.

Baltes, P. B.（1987）. *Life-span development and behavior*（vol.1）. New York: Academic Press.（鈴木　忠（訳）（1993）．生涯発達心理学を構成する理論的諸問題―成長と衰退のダイナミックスについて　東　洋・柏木惠子・高橋惠子（編集・監訳）生涯発達の心理学　第1巻　新曜社　pp.173-204.）

Elder, G. H. Jr.（1998）. The life course and human development. In R. M. Lerner（Ed.）, *Handbook of child psychology*（5th ed.）. Vol.1: *Theoretical models of human development*. New York: Wiley. pp.25-105.

藤永　保（1992）．発達研究・発達観・モデルの変遷　東　洋・繁多　進・田島信元（編）発達心理学ハンドブック　福村出版　pp.15-31.

Havighurst, R. J.（1972）. *Developmental tasks and education*. New York: David McKay Company.（児玉憲典・飯塚裕子（訳）（1997）．ハヴィガーストの発達課題と教育―生涯発達と人間形成―　川島書店）

市川伸一（2003）．教育心理学は何をするのか：その理念と目的　日本教育心理学会（編）　教育心理学ハンドブック　有斐閣　pp.1-7.

文部科学省（2010）．生徒指導提要―平成22年―

文部科学省　教員を目指す皆さんへ／普通免許状の種類
〈www.mext.go.jp/a_menu/shotou/kyoin/ main13_a2.htm〉（2015.9.28 アクセス）

Scammon, R. E.（1930）. The measurement of the body in childhood. In J. A. Harris, C. M. Jackson, D. G. Patterson, & R. E. Scammon（Eds.）, *Measurement of man*. Minneapolis, MN: University of Minnesota Press.

田浦武雄（1995）．教育の本質　田浦武雄（編）　現代教育入門　福村出版　pp.7-19.

Watson, J. B.（1930）. *Behaviorism*（Rev. ed.）. Chicago, IL: University of Chicago Press.（安田一郎（訳）（1968）．行動主義の心理学　河出書房新社）

1章

Ainsworth, M. D. S., Blehar, M. C., Waters, E., & Wall, S.（1978）. *Patterns of attachment: A psychological study of the strange situation*. Hillsdale, NJ: Lawrence Erlbaum Associates.

Baumrind, D.（1991）. Parenting styles and adolescent development. In J. Brooks-Gunn, R. Lerner, & A. C. Petersen（Eds.）, *The encyclopedia of adolescence*. New York: Garland.

Bowlby, J.（1951）. *Maternal care and mental health*. Monograph Series No.2. Geneva: World Health Organization.（黒田実郎（訳）（1967）．乳幼児の精神衛生　岩崎学術出版社）

Bowlby, J.（1969）. *Attachment and loss*. Vol.1: *Attachment*. London: Hogarth Press.（黒田実郎・大羽　蓁・岡田洋子・黒田聖一（訳）（1991）．母子関係の理論［新版］Ⅰ愛着行動　岩崎学術出版社）

Eisenberg, N.（1986）. *Altruistic emotion, cognition, and behavior*. Hillsdale, NJ: Erlbaum.

Gilligan, C.（1982）. *In a different voice: Psychological theory and women's development*. Cambridge: Harvard University Press.（岩男寿美子（監訳）（1986）．もうひとつの声：男女の道徳観のちがいと女性のアイデンティティ　川島書店）

繁多　進（1987）．愛着の発達―母と子の心の結びつき　大日本図書

Harlow, H. F., & Mears, C.（1979）. *The human model: Primate perspectives*. New York: John Wiley & Sons.（梶田正巳・酒井亮爾・中野靖彦（訳）（1985）．ヒューマン・モデル：サルの学習と愛情　黎明書房）

Hoffman, M. L.（2000）. *Empathy and moral development: Implications for caring and justice*. Cambridge: Cambridge University Press.（菊池章夫・二宮克美（訳）（2001）．共感と道徳性の発達心理学：思いやりと正義とのかかわりで　川島書店）

Kohlberg, L.（1976）. Moral stages and moralization: The cognitive-developmental approach. In T. Lickona（Ed.）, *Moral development and behavior: Theory, research, and social issues*. New York: Holt, Reinhart & Winston.

Lorenz, K.（1949）. *Er redet mit dem Vieh, den Vögeln und den Fischen*. Wien: Borotha-Schöler.（translated by

Marjorie Kerr Wilson (1952). *King Solomon's ring.* London: Methuen.) (日高敏隆 (訳) (1975). ソロモンの指環—動物行動学入門　早川書店)
文部科学省 (2011). 平成22年度「児童生徒の問題行動等生徒指導上の諸問題に関する調査」結果
文部科学省 (2014). 平成25年度「児童生徒の問題行動等生徒指導上の諸問題に関する調査」について
文部科学省 (2019a). 令和元年度「学校基本調査 (確定値) の公表について」
文部科学省 (2019b). 令和元年度「学校保健統計調査」(速報値)
文部科学省 (2019c). 平成30年度「児童生徒の問題行動・不登校等生徒指導上の諸課題に関する調査結果について」
文部科学省初等中等教育分科会小中一貫教育特別部会資料 (2014). 小中一貫教育関連基礎資料
日本性教育協会 (編) (2014). 児童・生徒の性に関する調査　現代性教育ジャーナル　No. 45
西平直喜 (1979). 青年期における発達の特徴と教育　岩波講座「子どもの発達と教育6」　岩波書店
野呂　正 (編) (1983). 幼児心理学　朝倉書店
落合良行・佐藤有耕 (1996). 青年期における友達とのつきあい方の発達的変化　教育心理学研究, **44**, 55-65.
Patterson, G. R., Chamberlain, P., & Reid, J. B. (1982). A comparative evaluation of parent training procedures. *Behavior Therapy*, **13**, 638-650.
Piaget, J., & Inhelder, B. (1956). *The child's conception of space.* London: Routledge & Kegan Paul.
Sameroff, A. (1975). Early influences on development: Fact or fancy ? *Merill Palmer Quarterly*, **21**, 267-294.
Symonds, P. M. (1939). *The psychology of parent-child relationships.* New York: Appleton-Century.
Thomas, A., & Chess, S. (1986). The New York longitudinal study: From infancy to early adult life. In R. Plomin & J. Dunn (Eds.), *The study of temperament: Changes, continuities, and challenges.* Hillsdale, NJ: Erlbaum.

2章

Alloway, T. P. (2010). *Improving working memory: Supprting students' learning.* London: Sage. (湯澤美紀・湯澤正通 (訳) (2011). ワーキングメモリと発達障害—教師のための実践ガイド2—　北大路書房)
Baddeley, A. D. (2000). The episodic buffer: A new component of working memory? *Trends in Cognitive Sciences*, **4**, 417-423.
Bandura, A. (1977). Self-efficacy: Toward a unifying theory of behavioral change. *Psychological Review*, **84**, 191-215.
Gathercole, S. E., & Alloway, T. P. (2008). *Working memory & learning: A practical guide for teachers.* London: Sage. (湯澤正通・湯澤美紀 (訳) (2009). ワーキングメモリと学習指導　北大路書房)
Guilford, J. P. (1967). *The nature of human intelligence.* New York: McGraw-Hill.
伊藤崇達 (2012). 学びのセルフ・コントロール　速水敏彦 (監修) コンピテンス　ナカニシヤ出版　pp.3-11.
Sawyer, R. K. (Ed.) (2006). *The Cambridge handbook of the learning sciences.* Cambridge, MA: Cambridge University Press. (森　敏昭・秋田喜代美 (監訳) (2009). 学習科学ハンドブック　培風館)
Spearman, C. (1904). General intelligence, objectively determined and measured. *American Journal of Psychology*, **15**, 201-293.
辰野千壽 (1997). 学習方略の心理学　図書文化
Weiner, B. (1979). A theory of motivation for some classroom experience. *Journal of Educational Psychology*, **71**, 3-25.
Weinstein, C. E., & Mayer, R. E. (1986). The teaching of learning strategies. In M. C. Wittrock (Ed.), *Handbook of research on teaching* (3rd ed.). London: Macmillan. pp.315-327.
湯澤正道 (2014). 領域固有の概念変化を目指した授業デザインから領域普遍的な認知スキルへ—教育に対するワーキングメモリ研究の意義—　教育心理学年報, **53**, 166-179.
Zimmerman, B. J. (1989). A social cognitive view of self-regulated academic learning. *Journal of Educational Psychology*, **81**, 329-339.
Zimmerman, B. J., & Martinez-Pons, M. (1990). Student differences in self-regulated learning: Relating grade, sex, and giftedness to self-efficacy and strategy use. *Journal of Educational Psychology*, **82**, 51-59.

3章

安藤寿康・福永信義・倉八順子・須藤　毅・中野隆司・鹿毛雅治 (1992). 英語教授法の比較研究—コミュニカティブ・アプローチと文法的・アプローチ—　教育心理学研究, **40**, 247-256.
Ausubel, D. P. (1968). *Educational psychology: A cognitive view.* New York: Holt, Rinehart & Winston.
Bruner, J. S. (1960). *The process of education.* Cambridge, MA: Harvard University Press. (鈴木祥蔵・佐藤三郎 (訳) (1963). 教育の過程　岩波書店

板倉聖宣（1971）．仮説実験授業入門　明治図書

Kilpatrick, W. H. (1918). *The project method: The use of the purposeful act in the educative process*. New York: Teachers college. Columbia University. (市村尚久（訳）(1967). プロジェクト法　明玄書房)

水越敏行（1977）．発見学習入門　明治図書

文部科学省（2014）．初等中等教育における教育課程の基準等の在り方について（諮問）

4章

Bloom, B. S., Hastings, J. T., & Madaus, G. F. (1971). *Handbook on formative and summative evaluation of student learning*. New York: McGraw-Hill. (梶田叡一・渋谷憲一・藤田恵璽（訳）(1973). 教育評価法ハンドブック　第一法規出版)

国立教育政策研究所（2013）．国際数学・理科教育動向調査の2011年調査（TIMSS2011）—国際調査結果報告（概要）〈http://www.nier.go.jp/timss/2011/gaiyou.pdf〉

国立教育政策研究所（2016）．国際数学・理科教育動向調査（TIMSS2015）のポイント〈http://www.nier.go.jp/timss/2015/point.pdf〉

文部科学省・国立教育政策研究所（2019）．OECD生徒の学習到達度調査（PISA2018）のポイント〈https://www.nier.go.jp/kokusai/pisa/pdf/2018/01_point.pdf〉

文部科学省初等中等教育局教育課程課教育課程企画室（2019）．学習評価及び指導要録の改善について　中等教育資料2019年6月号

渋谷憲一（2003）．教育評価の基礎　教育出版

高浦勝義・松尾知明・山森光陽（編）(2006)．ルーブリックを活用した授業づくりと評価①　小学校編　教育開発研究所

5章

安達智子（2004）．学級の心理学　桜井茂男（編）たのしく学べる最新教育心理学　図書文化　pp.174-184.

川瀬正裕・松本真理子・松本英夫（2006）．心とかかわる臨床心理［第2版］—基礎・実際・方法　ナカニシヤ出版

Kretschmer, E. (1955). *Körperbau und Charakter: Untersuchungen zum Konstitutions Problem und zur Lehre von den Temperamenten*. Berlin: Sprinder Verlag. (相場　均（訳）(1960). 体格と性格　文光堂)

三隅二不二（1984）．リーダーシップ行動の科学（改訂版）　有斐閣

根本橘夫（1991）．学級集団の規範，発達過程および機能　稲越孝雄・岩垣　攝・根本橘夫（編著）学級集団の理論と実践　福村出版　pp.46-47.

生和秀敏（2001）．内田クレペリン検査　上里一郎（監修）心理アセスメントハンドブック［第2版］　西村書店　pp.198-208.

詫摩武俊・瀧本孝雄・鈴木乙史・松井　豊（1990）．性格心理学への招待—自分を知り他者を理解するために　サイエンス社

6章

Caplan, G. (1964). *Principles of preventive psychology*. New York: Basic Books. (新福尚武（監訳）(1970). 予防精神医学　朝倉書店)

畠瀬　稔（1990）．クライエント中心療法　小此木啓吾ら（編）臨床心理学大系7　金子書房　pp.164-186.

石隈利紀（1999）．教師の保護者・学校組織へのコンサルテーション—児童生徒へのチーム援助として　石隈利紀（著）学校心理学　誠信書房　pp.259-315

Rogers, C. R. (1957). The necessary and sufficient conditions of therapeutic personality change. *Journal of Psychology*, **21**, 96. (伊東　博（編訳）(1966). ロージァズ全集　第4巻　サイコセラピィの過程　第6章　治療によるパーソナリティ変化の必要にして十分な条件　岩崎学術出版社)

山本和郎（1986）．コミュニティ心理学　東京大学出版会

7章

中央教育審議会（2011）．今後の学校におけるキャリア教育・職業教育の在り方について〈http://www.mext.go.jp/b_menu/shingi/chukyo0/toushin/1301877.htm〉

e-Stat 政府統計の総合窓口〈http://www.e-stat.go.jp/SG1/estat/GL08020103.do?_toGL08020103_&tclassID=000001055975&cycleCode=0&requestSender=dsearch〉

藤本喜八（1987）．進路指導の定義について　進路指導研究, **8**, 37-39.

Gelatt, H. B. (1962). Decision-making: A conceptual frame of reference for counseling. *Journal of Counseling*

Psychology, **9**, 240-245.

Gelatt, H. B. (1989). Positive uncertainly: A new decision-making framework for counseling. *Journal of Counseling Psychology*, **36**, 252-256.

Holland, J. L. (1985). *Making vocational choice* (2nd ed.). New York: Prentice-Hall（渡辺三枝子・松本純平・館暁夫（共訳）(1990). 職業選択の理論　雇用問題研究会）

国家公安委員会（2012）. 少年警察活動規制

Mitchell, K. E., Lewin, A. S., & Krumboltz, J. D. (1999). Planned happenstance: Constructing unexpected career opportunities. *Journal of Counseling and Development*, **77**, 115-124.

文部科学省（1992）. 登校拒否問題への対応について

文部科学省（2003）. 不登校への対応について〈http://www.mext.go.jp/a_menu/shotou/futoukou/main.htm〉

文部科学省（2005）. 不登校児童生徒が自宅においてIT等を活用した学習活動を行った場合の指導要録上の出席の取扱い等について

文部科学省（2006）. 小学校・中学校・高等学校　キャリア教育推進の手引―児童一人一人の勤労観，職業観を育てるために―〈http://www.nier.go.jp/shido/centerhp/21career.shiryou/honbun/koumoku/1-05.pdf〉

文部科学省（2010）.「生徒指導提要」について

文部科学省（2013）. いじめ防止対策推進法の公布について（通知）〈http://www.mext.go.jp/a_menu/shotou/seitoshidou/1337219.htm〉

文部科学省（2015）. 平成26年度「児童生徒の問題行動等生徒指導上の諸問題に関する調査」〈http://www.e-stat.go.jp/SG1/estat/GL08020101.do?_toGL08020101_&tstatCode=000001016708&requestSender=dsearch〉

Super, D. E., & Bohn, M. J. Jr. (1970). *Occupational psychology*. Belmont, CA: Wadsworth.（藤本喜八・大沢武志（訳）(1973). 職業の心理　ダイヤモンド社）

Super, D. E., Savicas, M. L., & Super, C. M. (1996). The life-span, life-space approach to carrers. In D. Brown, L. Brooks, & Associates (Eds.), *Career choice and development* (3rd ed.). San Francisco, CA: Jossy-Bass. pp.121-178.

高橋俊介（2000）. キャリアショック―どうすればアナタは自分でキャリアを切り開けるのか？　東洋経済新報社

浦上昌則（1999）. パーソナリティと職業選択　二宮克美・宮沢秀次・大野木裕明・譲　西賢・浦上昌則（著）エッセンシャルズ　教育心理・生徒指導・教育相談　福村出版　p.139.

8章

Axline, V. M. (1959). *Play therapy*. Houghton Mifflin.（小林治夫（訳）(1972). 遊戯療法　岩崎学術出版社）

Beck, A. T. (1976). *Cognitive therapy and the emotional disorders*. New York: International Universities Press.（大野　裕（訳）(1990). 認知療法―精神療法の新しい発展　岩崎学術出版社）

福原　潤（2000）. 構成的グループ・エンカウンターを活用した人間関係づくり　教育研究，**27**, 28-33.

Kalff, D. M. (1966). *Sandspiel: Seine therapeutische wirkung auf die Psyche*. Zürich und Stuttgart: Rascher Verlag.（山中康裕（監訳）(1999). カルフ箱庭療法（新版）　誠信書房）

河合隼雄（1969）. 箱庭療法入門　誠信書房

Klein, M. (1932). *The psycho-analysis of children*. London: Hogarth Press.

國分康孝（1981）. エンカウンター―心とこころのふれあい　誠信書房

向後礼子・山本智子（2014）. ロールプレイで学ぶ教育相談ワークブック―子どもの育ちを支える―　ミネルヴァ書房

Levy, D. M. (1939). Release therapy. *American Journal of Orthopsychiatry*, **9**, 713-736.

Lewin, K. (1935). *A dynamic theory of personality*. New York: McGraw-Hill.（相良守次・小川　隆（訳）(1957). パーソナリティの力学説　岩波書店）

Lowenfeld, M. (1939). The world pictures of children. *British Journal of Medical Psychology*, **18**, 65-101.

増野　肇（1990）. サイコドラマのすすめ方　金剛出版

西口利文・高村和代（編）(2010). 教育心理学　ナカニシヤ出版

佐藤紀子（2004）. Freud, S.　氏原　寛・亀口憲治・成田善弘・東山紘久・山中康裕（2004）. 心理臨床大事典［改訂版］培風館　p.969.

Wolpe, J. (1958). *Psychotherapy by reciprocal inhibition*. Stanford: Stanford University Press.（金久卓也（訳）(1977). 逆制止による心理療法　誠信書房）

八島禎宏（2015）. ロールプレイングの理論と実際　日本学校教育相談学会研修テキスト（2015年9月17日）〈http://jascg.info/wp-ontent/uploads/2015/03/b926bce8032591c7399bac34b6afb95d.pdf〉

9章

Barkley, R. A., Fischer, M., Smallish, L., Fletcher, K. (2002). The persistence of attention-deficit/hyperactivity disorder into young adulthood as a function of reporting source and definition of disorder. *Journal of Abnormal Psychology*, **111**(2), 279-289.

Coccaro, E. F., Hirsch, S. L., Stein, M. A. (2007). Plasma homovanillic acid correlates inversely with history of learning problems in healthy volunteer and personality disordered subjects. *Psychiatry Research*, **149**(1-3), 297-302.

Cohn, N. (1961). Understanding the process of adjustment to disability. *Journal of Rehabilitation*, **27**, 16-18.

Dembo, T., Levinton, G. L., & Wright, B. A. (1956). Adjustment to misfortune: A problem of social-psychological rehabilitation. *Artificial Limbs*, **3**, 4-62.

Drotar, D., Baskiewicz, A., Irvin, N., Kennell, J., & Klaus, M. (1975). The adaptation of parents to the birth of an infant with a congenital malformation: A hypothetical model. *Pediatrics*, **56**(5), 710-717.

Faraone, S. V., & Khan, S. A. (2006). Candidate gene studies of attention-deficit/hyperactivity disorder. *Journal of Clinical Psychiatry*, **67**(8), 13-20.

Fink, S. L. (1967). Crisis and motivation: A theoretical model. *Archives Physical Medicine and Rehabilitation*, **48**, 592-597.

Grayson, M. (1951). Concept of "acceptance" in physical rehabilitation. *JAMA*, **145**, 893-896.

原島恒夫（2006）．聴覚障害とは　前川久男（編）　特別支援教育における障害の理解　教育出版　pp.61-65．

Hart, H., Marquand, A. F., Smith, A. Cubillo, A., Simmons, A., Brammer, M., & Rubia, K. (2014). Predictive neurofunctional markers of attention-deficit/hyperactivity disorder based on pattern classification of temporal processing. *Journal of the American Academy of Child and Adolescent Psychiatry*, **53**(5), 569-578.

Hegerl, U., Himmerich, H., Engmann, B., & Hensch, T. (2010). Mania and attention-deficit/hyperactivity disorder: Common symptomatology, common pathophysiology and common treatment? *Current Opinion Psychiatry*, **23**(1), 1-7.

Kanner, L. (1943). Autistic disturbances of affective contact. *Nervous Child*, **2**, 217-250.（十亀史郎・斉藤聡明・岩本　憲（訳）（1978）．幼児自閉症の研究　黎明書房）

Kaplan, H. I., & Sadock, B. J. (1996). *Pocket of clinical psychiatry* (2nd ed.). Baltimore: Williams and Wilkins.（融　道雄・岩脇　淳（監訳）（1997）．カプラン臨床精神医学ハンドブック：DSM-Ⅳ診断基準による診療の手引　医学書院　MYW）

小枝達也（2014）．限局性学習症　森　則夫・杉山登志郎（編）（2014）．神経発達障害のすべて　日本評論社　pp.85-89．

文部科学省（2004）．特別支援教育について　文部科学省ホームページ

文部科学省（2019）．令和元年度学校基本調査

文部科学省（2019）．日本の特別支援教育の状況について

Rubia, K., Alegria, A., & Brinson, H. (2014). Imaging the AD/HD brain: disorder-specificity, medication effects and clinical translation. *Expert Review of Neurotherapeutics*, **14**(5), 519-538.

芝田裕一（2007）．視覚障害児・者の理解と支援　北大路書房

芝田裕一（2015）．視覚障害児・者の理解と支援〔新版〕　北大路書房

Sonuga-Barke, E. J. (2003). The dual pathway model of AD/HD: An elaboration of neuro-developmental characteristics. *Neuroscience Biobehavioral Reviews*, **27**(7), 593-604.

Sonuga-Barke, E. J. (2005). Causal model of AD/HD: From common simple deficits to multiple developmental pathways. *Biological Psychiatry*, **57**(11), 1231-1238.

Sonuga-Barke, E. J., Bitsakou, P., Thompson, M. J. (2010). Beyond the dual pathway model: Evidence for the dissociation of timing, inhibitory, and delay-related impairments in AD/HD. *Journal of the American Academy of child and adolescent psychiatry*, **49**, 345-355.

総務省（2004）．発達障害者支援法

杉山登志郎・髙貝　就・涌澤圭介（2014）．自閉症スペクトラム　森　則夫・杉山登志郎・岩田泰秀（編）　臨床家のためのDSM-5虎の巻　日本評論社　pp.37-42．

髙橋三郎・大野　裕（監訳）（2014）．DSM-5　精神疾患の診断・統計マニュアル　医学書院

内山登紀夫（2006）．本当のTEACCH─自分が自分であるために　学習研究社

上田　敏（1980）．障害の受容─その本質と初段階について─　総合リハビリテーション，**8**(7)，515-521．

WHO (2001). International Classification of Functioning Disability and Health.（障害者福祉協会（編）（2002）．ICF 国際生活機能分類─国際障害分類改訂版　中央法規）

Wing, L. (1997). The autistic spectrum. *Lancet*, **350**, 1761-1766.

Wright, B. A. (1960). *Psysical disability: A psychological approach*. New York: Harper & Row.

事項索引

A
AD/HD →注意欠如・多動症
ATI　2
BAP（Broad Autism Phenotype）
　　116
CAI（コンピュータ支援教育）　30,
　　42, 46, 125
DSM　115
　　――-5　106
HTPテスト　68
I（自我）　17
ICD　115
ICF　118
LD →限局性学習症
me（自己）　17
MMPI　67
MPI →モーズレイ性格検査
PFスタディ　68, 128
PISA（Program for International
　　Student Assessment）　57
PTSD（Post Traumatic Stress
　　Disorder）　93, 113
SCT →文章完成法
TAT →主題統覚検査
TEACCH　110, 119
TIMSS（Trends in International
　　Mathematics and Science Study）
　　57
Triple pathway model　106
t 検定　11
T 得点　56
Y-G（矢田部 - ギルフォード）性格検査
　　67, 123
Z 得点　56
χ^2（カイ2乗）　11

あ
愛着（アタッチメント）　24, 26, 127
アヴェロンの野生児　121
アクションリサーチ　64
　　――研究　128
アクティブ・ラーニング　42, 47
安全欲求　39
アンダーマイニング現象　31
いじめ　17, 85
一時的援助サービス　72
一斉授業　42
　　――の長所　42
イド　21
因果関係　10
インクルーシブ教育　119
――システム　102
インテーク面接　72
インパーソナリティ　79
インプリンティング→刻印づけ
ウェクスラー式知能検査　121
内田 - クレペリン精神（作業）検査
　　123
エクササイズ　96
エゴグラム　67
エディプス・コンプレックス　21
エンカウンターグループ　96, 128
横断的個人内評価　51
オオカミに育てられた子　123
オペラント条件づけ（道具的条件づけ）
　　30, 46, 125
親の養育態度　124
音韻的知識　114
オンライン調査　10

か
外向型　66
外向性 - 内向性　127
介護等体験　4
外集団　60
外発的動機づけ　31
回避 - 回避のコンフリクト　93
解放療法　98
快楽原則　21
カウンセラーの3条件　78
カウンセリングの6条件　78
カウンセリングマインド　78
拡散的思考（発散的思考）　123
学習（learning）　5
　　――指導要領　50, 55
　　――者の適性　45
　　――性無力感　32, 125
　　――説　8
　　――の3法則　125
　　――の試行錯誤説　125
　　――の洞察説（洞察学習）　123
　　――の連合説　30
　　――方略　34
学籍に関する記録　55
学力偏差値　37
仮説演繹的思考　20
仮説実験授業　43
学校刺激　84
学校ストレス　17
葛藤　93
カルテ（個人記録票）　72
感音性障碍　112
感覚運動期　20
環境閾値説　124
観察法　10
干渉説　33
完成形式　52
完全習得学習（マスタリーラーニング）
　　126
寛大効果（寛容効果）　65
記憶の忘却曲線　122
記述式テスト　53
機能障碍（impairment）　118
器物損壊　83
帰無仮説　11
客我　92
逆制止法　122
客観式（客観的）テスト　52
逆行干渉　33
キャリア　86
　　――カウンセリング　90
　　――教育　86
ギャング・エイジ　15
ギャンググループ　60
教育　2
　　――実習　4
　　――心理学　2, 4
　　――相談　3, 72
　　――測定運動　2
　　――の基礎理論に関する科目　4
　　――評価　50
教員免許状取得　4
境界人（周辺人，マージナルマン）
　　92, 128
教科の学力　55
共感的理解　79
教師期待効果→ピグマリオン効果
教職課程及び指導法に関する科目　4
教職実践演習　4
教職の意義等に関する科目　4
教師力量　82
均衡化　20
クールダウン　110
具体的操作　15
　　――期　20
虞犯行為　83
組み合わせ形式　52
クライエント中心療法　128
計算障碍　105
形式的操作期　20
継時的把握　112
形成的評価　51, 126
系統的脱感作法　99, 122

ケース会議　72, 75
ゲシュタルト心理学　121
ゲス・フー・テスト　61
結晶性知能　36, 123
原因帰属　31
限局性学習症（限局性学習障害）
　　105, 106
言語障害　114
検索失敗説　33
現実原則　21
現代精神医学の創始者　123
構音の訓練　114
公式集団　60
口唇期　21
公正さ　23
構成的エンカウンターグループ　96
構成的グループエンカウンター（SGE）
　　124
構造化面接　10
行動遺伝学　8
行動主義宣言　128
行動療法　99, 121
肛門期　21
合理的配慮　102, 118
コーディネーション　77
ゴーレム効果　128
語音障害　114
刻印づけ（刷り込み，インプリンティング）　26, 128
個人内評価　51
古典的条件づけ→レスポンデント条件づけ
子どもの道徳的判断理論　126
個のニーズに応じた教育　103
コミュニケーション障害　114
コラボレーション　77
混合型　109
コンサルタント　77
コンサルティ　77
コンサルテーション　73, 77
コンフリクト　93

さ
最頻値　11
サイン・ゲシュタルト説　30, 125
差別　62
参加観察　64
三次的援助サービス　72
シェアリング　96
シェマ　20
支援目標　72
視覚障碍　111
自我　17
　　――同一性の発達段階説　122
　　――の目覚め　16
時間見本法　64
自己　17
　　――過去　18

　　――可能　18
　　――現在　18
　　――一致　78
　　――決定　3
　　――効力（感）　32, 34, 35
　　――理論　126
　　――実現　3, 39, 82
　　――の欲求　39
　　――指導能力　3, 82
　　――存在感　3
　　――治癒力　79
　　――調整学習　35
　　――ペース　46
　　理想――　18
試行錯誤説　30
指示的カウンセリング　121
思春期　16
　　――スパート　16
　　――やせ症　18
自然観察　64
事前評価　51
実験観察　64
疾病及び関連保健問題の国際統計分類
　→ICD
質問紙法　10
児童研究運動　2, 127
自動思考　99
指導に関する記録　55
児童分析　126
指導要録　55
自閉症スペクトラム障害　110, 116
社会的コミュニケーション障害　114
社会的不利（handicap）　118
弱視　111
従属変数　10
集団　60
　　――維持機能　63
　　――凝集性　60
　　――準拠評価　51
　　――の構造　61
　　――力学（グループ・ダイナミックス）
　　　62, 128
縦断的個人内評価　51
集中的思考（収れん的思考）　123
自由連想法　98
主我　92
主題統覚検査（TAT：Thematic
　Apperception Test）　68, 127
順行干渉　33
障害者差別解消法　118
生涯発達心理学（life-span
　developmental psychology）　6
情緒的（動機づけ）方略　34
小児期発症流暢障害（吃音）　114
触法行為　83
書字障碍　105
所属と愛情の欲求　39
自律訓練法　125

人格（パーソナリティ）　3, 66
真偽形式　52
神経発達障害　106
神経発達症群（神経発達障害群）
　　104
診断的評価　51, 126
親友　15
心理劇（サイコドラマ）　97, 98, 127
心理‐性的発達段階　126
心理治療的支援　76
心理的離乳　92
進路指導　86
進路適性　89
進路発達理論（キャリア発達理論）
　　87
スキーマ理論　33
スタンフォード・ビネー知能検査
　　125
ステレオタイプ　62
スピアマンのg（一般知能）　123
スポーツ活動　15
スモール・ステップ　46
成員　60
性器期　21
成熟（maturation）　5
　　――優位説　8
精神疾患の診断・統計マニュアル
　　115
精神年齢（MA：mental age）　37
精神分析学の創始者　126
精神分析療法（psycho analysis）　98
精緻化方略　34
成長（growth）　5
生徒間暴力　83
生徒指導　3
　　――，教育相談及び進路指導等に関
　　　する科目　4
　　――提要　3
青年期危機説　92
青年期平穏説　92
性非行　83
性役割　15
生理的欲求　39
積極的反応　46
接近‐回避のコンフリクト　93
接近‐接近のコンフリクト　93
摂食障害　18
説明オーガナイザー　44
宣言的知識　33
先行オーガナイザー　44, 122
前操作期　20
潜伏期　21
総括的評価　51, 126
相関係数　11
相対評価　51
即時確認（フィードバック）　46
即時的把握　112
ソシオグラム　61

ソシオメトリック・テスト　61, 127
尊厳・承認欲求　39

た
第一反抗期　14
対教師暴力　83
体系による精神病質の分類　123
対人暴力　83
体制化方略　34
第二の誕生　92
第二反抗期　92
対比効果　65
代表値　11
代理母親の愛情実験　125
多肢選択形式　52
脱衛星化　92
タテの人間関係　15
多動・衝動優勢型　109
多変量解析　11
男根期　21
単純再生法　52
短答形式　52
チーム・ティーチング　42
知能検査　126
知能指数（IQ：intelligence quotient）　37
知能偏差値　37
チャムグループ　60
注意欠如・多動症（注意欠如・多動性障害　AD/HD）　106, 109
中央値　11
抽象　15
中心化傾向　65
超自我　21
調節　20
治療的カウンセリング　78, 98
通級による指導　102
適応（防衛）機制　21, 94
適性検査　89
適性処遇交互作用（ATI）　42, 45, 123
デシベル（dB）　112
手立て　72
手続き的知識　33
伝音性障害　112
投影法　68
同化　20
動機づけ　31
道具的条件づけ→オペラント条件づけ
洞察説　30
同情　79
統制群法　10
同調行動　62
道徳性　15, 23
　　──発達の3水準6段階説　23, 123
逃避　94
トークンエコノミー法　99

読字障碍　105
読書　15
特性　66
　　──・因子論　89
　　──論　66
徳目　22
独立変数　10
度数の検定　11

な
内向型　66
内集団　60
　　──バイアス　62
内的作業モデル　24
内発的動機づけ　31
ニート（NEET：Not in Employment, Education or Training）　19
2因子説　125
二次性徴　16, 92
二次的援助サービス　72
人間性心理学　127
認知行動療法　99
認知説　30
認知療法　99
ネットワーク理論　33
能力障碍（disability）　118

は
パーソナリティの定義　122
パーソナリティの6類型論　124
配慮と責任の道徳性　23
配列形式　52
バウムテスト（樹木画テスト）　68, 124
箱庭療法（sand play）　98, 122
発見学習　43
発生的認識論による思考（認知）の発達段階説　126
発達　5
　　──加速現象　16
　　──課題　126
　　──心理学（developmental psychology）　3
　　──段階　5
　　──の最近接領域　121
　　──の成熟説　123
パニック症　113
場の理論　30
場面緘黙　113
ハロー効果（光背効果）　65
半構造化面接　10
犯罪行為　83
反社会的行動　83
比較オーガナイザー　44
ピグマリオン効果　63, 128
非行　83
非公式集団　60
非構造化面接　10

非参加観察　64
非社会的行動　83
評価基準　64
標準偏差　11, 56
ファミリアリゼーション（familiarization）　112
服従の心理　127
輻輳説　124
不合理な信念（イラショナルビリーフ）　99
不注意優勢型　109
不登校　84
フラストレーション　93
　　──反応　93
プランド・ハプンスタンス理論　90
フリーター　19
不良行為　83
プログラム学習　2, 46
　　──を支える原理　46
プロジェクト法　47
分散　11
　　──分析　11
文章完成法　68
分析心理学　127
平均値　11
　　──の差の検定　11
別室登校　84
偏見　62
偏差値　37, 56
偏差知能指数（DIQ：deviation IQ）　37
報酬　99
ポートフォリオ評価　54
ポジティブ心理学　125
ホスピタリズム（施設病）　127
保存　20

ま
マジカルナンバー（不思議な数）7±2　127
見立て　72
見逃してしまう　105
無条件的肯定的関心　79
メタ認知　35
面接法　10
メンタル・テスト　123
盲　111
モーズレイ性格検査　67, 121
目標準拠評価　51, 55
目標達成機能　63
モデリング（観察学習）　126
モラトリアム　92

や
役割　88
有意味受容学習　44, 122
遊戯療法（play therapy）　98, 126
友人関係　18

夢分析　98
抑圧　94
ヨコの人間関係　15
欲求　93
　──段階説　127
予防的カウンセリング　72, 76-78, 98

ら

来談者中心療法　128
ライフ・キャリアの虹　88
ライフコース　6
リーダーシップ　63
理解監視方略　34
リテラシー　15
リハーサル方略　34
リビドー　21
流動性知能　36, 123
リラクゼーション　99
臨界期　26
類型論　66
類人猿の智恵試験　123
ルーブリック　53, 54
レスポンデント条件づけ（古典的条件づけ）　30, 126
劣等感コンプレックス－優越感コンプレックス　121

レディネス　8
ロールシャッハテスト　68, 128
ロールプレイ　97
　──（役割演技）技法　127
論述式テスト　53
論文体テスト　53
論理的エラー（論理的誤差）　65
論理療法（現・理性感情論理療法）　99, 122

わ

ワーキングメモリ（作動記憶）　38

人名索引

あ

アイゼンク（Eysenck, H. J.）　121
アイゼンバーグ（Eisenberg, N.）　15
上里一郎　69
アクスライン（Axline, V. M.）　98, 126
アスペルガー（Asperger, H.）　116, 117, 122
安達智子　61
アドラー（Adler, A.）　121, 127
アロウェイ（Alloway, T. P.）　38
安藤寿康　8, 45
石隈利紀　72, 74, 77
イタール（Itard, J. M.）　121
板倉聖信　43
市川伸一　2
伊藤崇達　35
ヴィゴツキー（Vygotsky, L.）　121
ウィリアムソン（Williamson, E. G.）　121
ウィング（Wing, L.）　116, 117
ウェクスラー（Wechsler, D.）　36, 121
上田　敏　104
ウェルズ（Wells, H. G.）　122
ウェルトハイマー（Wertheimer, M.）　121
ウォルピ（Wolpe, J.）　99, 122
内田勇三郎　69, 123
浦上昌則　89
エインズワース（Ainsworth, M. D. S.）　24
エビングハウス（Ebbinghaus, H.）　122
エリクソン（Erickson, M.）　122
エリクソン（Erikson, E. H.）　9, 22,

122
エリス（Ellis, A.）　99, 122, 124
オースベル（Ausubel, D. P.）　44, 122
大野　裕　107, 108, 117
落合良行　19
オルポート（Allport, G. W.）　122

か

ガードナー（Gardner, H.）　36
カナー（Kanner, L.）　116, 117, 122
カルフ（Kalff, D. M.）　98, 122
河合隼雄　98
川瀬正裕　68
カーン（Khan, S. A.）　106
ギャザコール（Gathercole, S. E.）　38
キャッテル（Cattell, J. M.）　123
キャッテル（Cattell, R.）　36, 123
ギリガン（Gilligan, C.）　23
キルパトリック（Kilpatrick, W. H.）　47
ギルフォード（Guilford, J. P.）　36, 123
クライン（Klein, M.）　98
クランボルツ（Krumboltz, J. D.）　90
グレイソン（Grayson, M.）　104
クレッチマー（Kretscmer, E.）　66, 123
クレペリン（Kraepelin, E.）　69, 123
クロンバック（Cronbach, L. J.）　2, 45, 123
ケーラー（Köhler, W.）　30, 123
ゲゼル（Gesell, A.）　8, 123
小枝達也　105, 109
コールバーグ（Kohlberg, L.）　9, 23,

123
コーン（Cohn, N.）　104
國分康孝　124
コッカロ（Coccaro, E. F.）　106
コッホ（Koch, K.）　68, 124

さ

サーストン（Thurstone, L. L.）　36
サイモンズ（Symonds, P. M.）　27, 124
佐藤有耕　19
サメロフ（Sameroff, A.）　27
ジェームズ（James, W.）　17, 124
ジェラット（Gelatt, H. B.）　90
シェルドン（Sheldon, E. A.）　66
ジェンセン（Jensen, A. R.）　124
芝田裕一　104, 112
渋谷憲一　54
ジマーマン（Zimmerman, B. J.）　35
シュテルン（Stern, W.）　37, 124, 125
シュプランガー（Spranger, E.）　16, 66, 124
シュルツ（Schultz, J. H.）　125
スーパー（Super, D. E.）　87, 88
スキナー（Skinner, B. F.）　2, 30, 46, 125
杉山登志郎　116
スキャモン（Scammon, R. E.）　5
鈴木治太郎　126
スタインバーグ（Steinberg, J. E.）　36
スピアマン（Spearman, C.）　36, 125
生和秀敏　69
セリグマン（Seligman, M.）　32, 125
ソーヤー（Sawyer, R. K.）　30

人名索引

ソーンダイク（Thorndike, M. E.） 2, 30, 125
外林大作　97, 98
ソヌガバーグ（Sonuga-Barke, E. J.） 106

た
ターマン（Terman, L. M.）　37, 125
田浦武雄　2
高浦勝義　54
高橋三郎　107, 108, 117
高橋俊介　90
高村和代　99
辰野千壽　31
田中寛一　126
ディルタイ（Dilthey, W. C. L.）　124
チェス（Chess, S.）　27
デンボ（Dembo, T.）　104
トールマン（Tolman, E. C.）　30, 125
トマス（Thomas, A.）　27
ドロータ（Drotar, D.）　104
トンプソン（Thompson, H.）　8

な
西口利文　99
西平直喜　22
根本橘夫　60
野呂　正　20

は
バークレイ（Barkley, R. A.）　106
ハーツホーン（Hartshorne, H.）　61
ハーロー（Harlow, H. F.）　26, 125
ハヴィガースト（Havighurst, R. J.） 6, 7, 126
バウムリンド（Baumrind, D.）　27
パヴロフ（Pavlov, I. P.）　30, 126
パターソン（Patterson, G. R.）　27
畠瀬稔　79

バッデリー（Baddeley, A. D.）　38
ハート（Hart, H.）　106
原島恒夫　112
バルテス（Baltes, P. B.）　6
バンデューラ（Bandura, A.）　32, 126
ピアジェ（Piaget, J.）　9, 15, 20, 23, 92, 126
ピアソン（Pearson, K.）　11
ビネー（Binet, A.）　36, 37, 126
ファラオネ（Faraone, S. V.）　106
フィンク（Fink, S. L.）　104
福原潤　96
藤永保　5
藤本喜八　86
ブルーナー（Bruner, J. S.）　2, 43, 47, 122
ブルーム（Bloom, B. S.）　51, 126
フロイト（Freud, A.）　94, 95, 98, 126
フロイト（Freud, S.）　9, 21, 94, 95, 98, 121-123, 126, 127
ヘーゲル（Hegerl, U.）　106
ベック（Beck, A. T.）　95, 99
ヘルバルト（Herbert, J. F.）　2
ボウルビィ（Bowlby, J.）　24, 26, 127
ホール（Hall, G. S.）　2, 16, 127
ボーン（Bohn, M. J. Jr.）　87
ホフマン（Hoffman, M. L）　27
ホランド（Holland, J. L.）　89
ホリングワース（Hollingworth, L. S.） 16

ま
マーズ（Mears, C.）　26
マズロー（Maslow, A. H.）　39, 127
マルチネス（Martinez-Pons, M.）　35
マレー（Murray, H. A）　127
ミード（Mead, G. H.）　17

水越敏行　43
三隅二不二　63
ミラー（Miller, G. A.）　127
ミルグラム（Milgram, S.）　127
村松康平　97, 98
メイ（May, M. A.）　61
メイヤー（Mayer, R. E.）　34
モイマン（Meumann, E.）　2
モルガン（Morgan, C. D.）　127
モレノ（Moreno, J. L）　61, 97, 98, 127

や
湯澤正道　38
ユング（Jung, C. G.）　66, 127

ら
ライト（Wright, B. A.）　104
ルソー（Rousseau, J.-J.）　16
ルビア（Rubia, K.）　106
レヴィ（Levy, D. M.）　98
レヴィン（Lewin, K.）　16, 30, 93, 128
ローウェンフェルド（Lowenfeld, M.） 98, 122
ローゼンソール（Rosenthal, R.）　63, 128
ローゼンツヴァイク（Rosenzweig, S.） 68, 128
ロールシャッハ（Rorschach, H.） 68, 128
ローレンツ（Lorenz, K. Z.）　26, 128
ロジャーズ（Rogers, C. R.）　78, 79, 95, 98, 128

わ
ワイナー（Weiner, B.）　31
ワインスタイン（Weinstein, C. E.） 34
ワトソン（Watson, J. B.）　8, 128

【著者一覧】
大野木裕明（福井大学名誉教授）
二宮　克美（愛知学院大学総合政策学部教授）
宮沢　秀次（名古屋経済大学名誉教授）
譲　　西賢（岐阜聖徳学園大学名誉教授）
浦上　昌則（南山大学人文学部教授）
山本　ちか（名古屋文理大学短期大学部食物栄養学科教授）
杉山佳菜子（愛知みずほ短期大学現代幼児教育学科）

ガイドライン学校教育心理学
教師としての資質を育む

2016 年 10 月 20 日　初版第 1 刷発行
2023 年 3 月 30 日　初版第 5 刷発行

定価はカヴァーに表示してあります。

　著　者　大野木裕明
　　　　　二宮　克美
　　　　　宮沢　秀次
　　　　　譲　　西賢
　　　　　浦上　昌則
　　　　　山本　ちか
　　　　　杉山佳菜子
　発行者　中西　　良
　発行所　株式会社ナカニシヤ出版
　〒606-8161 京都市左京区一乗寺木ノ本町 15 番地
　　　　　　Telephone 075-723-0111
　　　　　　Facsimile 075-723-0095
　　　　Website http://www.nakanishiya.co.jp/
　　　　Email iihon-ippai@nakanishiya.co.jp
　　　　郵便振替 01030-0-13128

装幀＝白沢　正／印刷・製本＝ファインワークス
Printed in Japan.
Copyright © 2016 by H. Ohnogi, K. Ninomiya, S. Miyazawa, S. Yuzuri,
M. Urakami, C. Yamamoto, & K. Sugiyama
ISBN978-4-7795-1066-3

◎本書のコピー，スキャン，デジタル化等の無断複製は著作権法上での例外を除き禁じられています。本書を代行業者等の第三者に依頼してスキャンやデジタル化することはたとえ個人や家庭内の利用であっても著作権法上認められておりません。